廉卫涛　编著

商战之法

图书在版编目（C I P）数据

商战之法 / 廉卫涛编著 . -- 天津 : 天津大学出版社 , 2023.8

ISBN 978-7-5618-7431-8

Ⅰ . ①商… Ⅱ . ①廉… Ⅲ . ①股份有限公司—股东—公司法—研究—中国 Ⅳ . ① D922.291.914

中国版本图书馆 CIP 数据核字 (2023) 第 052818 号

商战之法 | SHANGZHAN ZHI FA

出版发行　天津大学出版社
地　　址　天津市卫津路 92 号天津大学内（邮编：300072）
电　　话　发行部：022-27403647
网　　址　www.tjupress.com.cn
印　　刷　廊坊市瑞德印刷有限公司
经　　销　全国各地新华书店
开　　本　720mm × 1010mm　1/16
印　　张　11.25
字　　数　165 千
版　　次　2023 年 8 月第 1 版
印　　次　2023 年 8 月第 1 次
定　　价　56.50 元

本书编委会

编委明细：

序号	姓名	单位	电话	所在地
1	廉卫涛	上海申浩（天津）律师事务所	15822755167	天津
2	单联璞	上海申浩（天津）律师事务所	18522608828	天津
3	韩馨漪	上海申浩（西安）律师事务所	13002936365	西安
4	秦华毅	上海申浩律师事务所	13761618100	上海
5	邵恩杰	上海申浩（西安）律师事务所	18966803881	西安
6	王　军	泰安蓝天律师事务所	13305384088	泰安
7	娄华峰	上海申浩（杭州）律师事务所	18268850565	杭州
8	杨　柳	天津东法律师事务所	15692296007	天津
9	王景向	上海申浩（西安）律师事务所	15902929569	西安
10	徐丽慧	上海申浩律师事务所	18918692042	上海
11	赵　宸	上海申浩律师事务所	13917822292	上海
12	张同同	天津华盛理律师事务所	15022197116	天津
13	熊锦全	黑龙江广久律师事务所	15845652277	黑龙江
14	蒋　鹏	云南凌云（曲靖）律师事务所	15388744887	云南
15	任　洋	上海申浩律师事务所	18018641868	上海
16	张卓越	天津东方律师事务所	18734901998	天津
17	徐　博	齐齐哈尔市市场监督管理局	13796884774	黑龙江

前言

商战，古已有之，春秋时期管仲就运用轻重之策在诸国间进行贸易战。清末孙诒让在《周礼政要》中提出：“当此环球商战之秋，固宜急筹合群之策哉！”此为近代商战一词的发端。

自国内引入公司制度以来，传统的商业思维乃至道德观念与现代全球化的商业制度产生了种种摩擦，在“如切如磋，如琢如磨”中，有情、有理、有法，情理法共同缔造着商业思维模式。这个摩擦的过程从未停止，只有物竞天择，才能适者生存。

编者编撰本书的初衷，在于为读者提供一条道路，让读者在这个人情社会中，能够从容面对商业规则[①]。本书的每一个故事，都值得读者深思。《韩非子》中有一个故事，从前，韩昭侯醉酒而寝，典冠（给君主掌管帽子的近侍）担心君主受凉，给韩昭侯盖上衣裳。韩昭侯醒来很开心，问谁给盖的衣裳，左右皆言是典冠。韩昭侯遂令处罚了典冠和典衣，因为君主认为加盖衣物是典衣的职责，而典冠的行为超越了自己的职权。

中国传统文化多讲“情”，而现代商业多讲“法”。骨子里总有几分儒生

①为保护当事人隐私，全书中涉及的人名均为化名。

气质的国人，往往被情驱动，忽视规则，最终受害！但在商业实践中不谈感情，可能就没有生意，又何谈商战？这就需要平衡情与法，义与利。

以情动人，以法存身，如庖丁解牛般“无厚入有间”，才能在商战中游刃有余。

廉卫涛

目 录

第一战

也说商战

初读此书，看似是一本法律书籍。再细品此书，不禁为书中一个个鲜活的故事所吸引，作者用严肃的法律解构人性，用真实的商业搏杀讲解法律条文，是本值得一读的好书。

苏州艾捷博雅公司董事长
汪群杰

最近有关虚假商战、真实商战在网络上很火，虚假的商战波诡云谲，真实的商战刀光剑影。笔者作为一名律师，说说我所了解的商战。

笔者先发表一个武断的观点，正常的商战，在矛盾激化到一定程度时，会自然进入司法程序，矛盾的各方会围绕着司法程序各显神通，留下各种传说和猜测。

所谓商战，说是争抢钱财也未尝不可。先讲一个典型的商战。

第一节　人类对土地的渴望没有止境

20 世纪 90 年代，我国南方有一个姓张名家存的企业家，他经营着两家公司，一家名为凯发公司，另一家名为集力公司。凯发公司名下拥有一大块土地，面积约 2 700 平方米，价值不菲。

1998 年 1 月，张家存为这块土地办理了建设用地规划许可证，后续要做的事便是筹钱，准备开发这块土地。

土地有价值，张家存作为土地的拥有者，自然奇货可居。一时间前来洽谈合作的人络绎不绝，张家存也不着急，玩着大家都懂的捂地的套路。

直到 2006 年 9 月，市规划局制发了《建设用地规划设计条件通知书》，根据这份通知书，张家存那块土地的容积率小于5。这一点很关键，请大家先记住。

2007年8月，张家存终于遇到了心仪的合作伙伴，那便是黎长国和张艳萍二人，自此张家存与这二人开始了“相爱相杀”的人生后半程。三人的洽谈很愉快，可谓一拍即合，准备合作共同开发这块土地。张家存出地，负责土地的征收工作以及后续相关的手续。黎长国和张艳萍出钱，负责建设勘察工作，直至房屋验收。所得收益三人约定按照3∶3.5∶3.5的比例分配。任何人不得违约，否则向其他两方支付违约金。

三人协商一致后决定成立项目公司，专门运营房地产开发项目，预计项目开发需要7 000万元启动资金。三人商定将项目公司注册资金设定为1亿元，张家存以土地使用权出资，占项目公司30%的股权；黎长国、张艳萍均以3 500万元出资，各占项目公司35%的股权。

但是以土地出资必须办理土地使用权变更过户手续，土地过户需要缴纳高额的税费，并且新成立的公司也没有相应的建筑资质。为了降低成本，最好的办法就是不办理土地过户手续。

于是，三方各自寻找有相应资质的公司，张家存以集力公司的名义、黎长国以建国公司的名义、张艳萍以中腾公司的名义签署了一份房地产开发合作协议，也就是俗称的三方协议。

房地产开发合作协议如下图所示。

房地产合作开发协议

甲方：集力公司
住所地：XXXXXXXXX
法定代表人：张家存

乙方：建国公司
住所地：XXXXXXXXX
法定代表人：XXX

丙方：中腾公司
住所地：XXXXXXXXX
负责人：张艳萍

甲、乙、丙三方依照相关法律、法规的规定，经友好协商，就以凯发公司名义（以下简称标的公司）合作开发房地产相关事宜达成一致，特签订本合同，以使各方遵照执行。

第一条 各方权利义务

1. 凯发公司将土地授权给甲方使用，甲方将土地作为建设用地投入项目，该项目工程的建设资金由乙方与丙方投入，并负责该项目工程施工、竣工验收的相关工作。

2. 甲方负责：

（1）建设用地范围内附着物的赔偿和清除工作，以使其达到开工条件并承担有关费用：

（2）该项目开工至竣工验收过程中一切手续的办理；

（3）办理商品房销售手续和房屋产权证；

（4）为乙方和丙方提供售房发票及收据。

3. 乙方和丙方负责：

（1）该建设项目的勘察、设计、施工、监理，以达到工程竣工验收入住条件；

（2）该工程项目建设全部资金的筹备（乙方和丙方各承担 50% 的资金），确保该工程按计划进度竣工；

（3）共同选择社会资信度高的审计师事务所对全部工程决算、成本进行审计。

第二条 项目成果分配

关于项目成果的分配方式，该项目建成后，根据不同的使用功能分配建筑面积，甲方分得 30%，乙方分得 35%，丙方分得 35%，房屋产权以项目开发公司名义集中办理，税费各自按上述比例承担。

第三条 违约责任

关于违约责任，三方约定如任何一方违约，应向其它两方支付该工程计划投资额日万分之五的违约金。

……

……

……

甲方（签字或盖章）：集力公司
20XX 年 XX 月 XX 日

乙方（签字或盖章）：建国公司
20XX 年 XX 月 XX 日

丙方（签字或盖章）：中腾公司
20XX 年 XX 月 XX 日

集力公司的法定代表人是张家存。建国公司的法定代表人是黎长国的朋友，该公司具备房地产开发资质。中腾公司是一家香港企业，负责人是张艳萍。

三方协议已经清楚地约定了各方权利义务，为了顺利开发房地产项目，鉴于凯发公司享有土地使用权，三方决定以凯发公司作为项目公司，黎长国、张艳萍将出资款注入凯发公司。

合作之初，大家都对项目开发过程中的问题保持宽容的态度，并积极协商方案细则。但作为精明的商人，大家都本着“防人之心不可无”的心态，黎长国、张艳萍担心一旦各自将 3 500 万元投资款注入公司，就失去了制约张家存的筹码。经过多次协商，三人最终决定，黎长国、张艳萍出资直接成为凯发公司的股东，将前述三方协议约定的每人 3 500 万元的投资款作为凯发公司的增资款，各自占凯发公司 35% 的股权。这样既能保障资金的安全，又能保障各自的合法权益，并且分红比例也与三方协议约定的内容一致，一举三得。这里笔者必须提一句，所有倒霉主意的共同点就是看起来是个好主意。

后续，凯发公司完成了增资程序，黎长国、张艳萍成为凯发公司的股东。但是二人出资到位之后，黎长国和张艳萍都要求将资金挪作他用，待项目需要之时再将资金注入。张家存依然本着“宽以待人”的态度，指示公司财务人员按照黎长国、张艳萍的指示，将出资款打至两人的指定账户。公允地讲，在 2008 年将注册资本借出的行为还是比较普遍的。

2008 年 1 月 7 日，凯发公司分别将张艳萍、黎长国出资的 3 500 万元通过银行汇款转出。届此，在各方的通力合作下，项目启动工作终于完成了。

第二节　世易时移

2008 年的房地产行情有多火热，读者朋友们大概都了解，张家存、黎长国、张艳萍三人对未来更是充满信心。带着对未来的美好憧憬，他们将项目的名称定为新罗马假日广场，计划建筑面积20万余平方米。在这一计划下，此前小于5的容积率已经满足不了三人的胃口，他们计划办理扩容手续。

功夫不负有心人，经过数年努力，终于在2012年1月，规划局出具了建设工程规划许可证，并且提出只要凯发公司提交经批准的规划图纸，补缴土地出让金及相关税费，就能完成最终增加容积率的规划。如此一来，扩容的事基本没有问题了。

这里有一个前提，增加容积率需要提交经批准的规划图纸，但规划图纸被批准需要先补缴土地出让金及税费。

2012年4月12日，新罗马假日广场工程项目部给张家存发了一份工作联系单，载明项目目前处于处理基坑支护阶段，亟需土石方开挖单位的机械配合施工。考虑到签订正式的土石方开挖施工合同细节较多，需反复磋商，耗时较长，所以凯发公司决定暂由黎长国控制的建国公司与土石方开挖单位先行签订土石方开挖施工合同，进场施工。

建国公司组织施工队，尽心尽力开展基坑支护施工，并垫付工程款1 600万元。在此期间，黎长国不断催促张家存尽快办理建筑工程施工许可证（以下简称施工许可证），甚至不惜以停工相威胁。若不尽快办理施工许可证，工程根本无法正常施工，大家的梦想都将成为泡影。

容积率小于5时，施工许可证很容易办下来，但三人都希望把容积率提升到8.2，根据规划局制发的建设工程规划许可证，只有规划图纸经过审批后，才能得到提升容积率的施工许可证。但张家存认为，提交规划图纸属于勘察设计工作，根据三方协议约定应该由黎长国和张艳萍负责。

黎长国和张艳萍也不甘示弱：规划图纸可以提供，根据三方协议约定，建国公司和中腾公司应当履行此义务。但是如果不补缴土地出让金及相关税费，规划图纸不可能得到批准，而补缴土地出让金及相关税费属于办理施工手续事项，根据协议应由张家存负责。

在此情景下，张家存的心态濒临崩溃，他心想：“当初不是说好我出地，你们出钱吗？怎么现在又让我掏兜？你黎长国和张艳萍的投资款到位后又借走，至今尚未归还分文。现在房地产市场火爆到如此吓人，你们不赶紧出钱办手续，反而再让我出钱？我明明拥有土地使用权，却合作得如此憋屈！”于是他迟迟不愿意补缴土地出让金及相关税费，导致规划手续变更事项未能完成，进而无法办理施工手续，地上部分不能开工建设。

而黎长国和张艳萍认为：“协议上写得清清楚楚，施工手续由你办理，费用由你承担，你张家存现在怎么不按协议执行？施工许可证办理不下来，开工条件始终达不到，建国公司就无法按照预想开始施工，连投入的 1 600 万元工程款都无法及时收回，遑论建成并销售营利了。”

三人早已不复初心，矛盾也越发不可调和，张家存身心俱疲，三人丧失了合作信心，更失去了对其他人的信任。“这不是明显想霸占自己的土地吗？连一点土地出让金都不愿意出！”张家存心想。

张家存想拿土地与其他人合作。但是黎长国和张艳萍又是凯发公司的股东，占股 70%，并且土地使用权也登记在凯发公司名下。三方僵持不下，事情陷入僵局，该怎么办呢？张家存经过多方咨询，找到了一个解决办法。

第三节 先声夺人——被开除的股东

经过多方打听，张家存听说可以把股东开除（解除股东资格），他萌发了一个大胆的想法。不过，张家存也心存疑虑，他一个人才占股 30%，黎长国和张艳萍可是占股 70% 啊！小股东也能把大股东开除吗？

走投无路之下，只能铤而走险，必须把这两个家伙开除。于是，2014 年 5 月 5 日，凯发公司召开股东会，并作出股东会决议。

凯发公司股东会决议内容为解除张艳萍和黎长国的股东资格，并将相应的股份转给张家存。

凯发公司股东会决议如下图所示。

凯发公司股东会决议

会议时间：2014年5月5日

会议地点：凯发公司会议室

会议性质：临时股东会议

出席会议人员：张家存

根据《中华人民共和国公司法》及本公司章程，本次股东会由张家存召集并主持会议，经与会股东表决，通过以下决议：

1. 解除张艳萍的公司股东资格；

2. 解除黎长国的公司股东资格；

3. 将张艳萍、黎长国名下共70%股权转让给张家存。

股东（签字或盖章）：张家存

2014年5月5日

张家存此时的行为可谓雷厉风行，但是未免鲁莽。

2014年9月，张家存以凯发公司法定代表人的身份去工商部门办理工商变更登记手续，提交了工商部门需要的全部材料，其中包括伪造的“股权转让协议”，将黎长国和张艳萍的股份全部转让给了自己。至此，整件事情似乎已经结束，可世间真有这样的便宜事吗？

张艳萍得知此情况后，二话不说，直接把张家存告上法庭，要求法院追究张家存的责任，并且归还股权。最终，法院查明“股权转让协议”中黎长国和张艳萍的签字都是伪造的，不是本人所签，于是确认该股权转让协议无效。张家存不服，提起上诉，结果被驳回，维持一审判决。

张艳萍将张家存告赢后乘胜追击，不给张家存喘息之机。敢开除自己，必须再告，当日的股东会决议不成立，去法院继续告他。张艳萍告诉法官：“开股东会都没有通知我，我也是股东啊！”并对张家存展开凶猛的攻势。庭审中，双方经过几轮唇枪舌剑，最终，法院支持张艳萍的诉求，判令股东会决议不成立。

张家存自以为找到了解决办法，可以开除张艳萍和黎长国，但一番周折后，最终又回到原点。依据申请，工商部门又将黎长国和张艳萍的股东身份予以恢复。张家存白折腾了一回。

仅仅听说可以开除股东，胆大包天的张家存便开始“闭门造车”，作出股东会决议，将黎长国、张艳萍开除，真可谓胆大妄为！

第四节　一计不成又生一计

张家存眼睁睁看着自己的土地被他人霸占，却无法开发，心中的愤懑可想而知。他仔细反思了整件事情的经过，都是三方协议惹的祸，必须请求法院把协议解除，让他们两个人赔钱。一时间，他计上心头，以集力公司为原告，把建国公司、中腾公司告上法庭，要求解除三方协议，并要求建国公司、中腾公司共同赔偿违约金 5 400 万元。张家存的意思是既然你不愿意离开，那就赔钱吧。

“兵来将挡水来土掩”，黎长国觉得自己最委屈，说好的三人合作开发，张家存的土地越来越值钱，只有自己为工程垫付了 1 600 万元。张家存还把垫钱的人告上法庭，索赔 5 400 万元违约金。他越想越憋屈，不能坐以待毙，必须拿起法律武器捍卫自己的合法权利。于是黎长国以建国公司的名义提起了反诉，也要求解除三方协议，还要求集力公司返还已垫付的 1 600 万元工程款。

法院认为，在履行合同的过程中，三方均存在违约行为，且过错程度相当，应当各自承担相应的责任。法院判令解除三方协议，互不赔偿，损失自担。建国公司的工程款是为凯发公司的开发项目垫付的，与集力公司无关，应当另行向凯发公司主张，最终驳回反诉。

第五节　再来！再来！

三方协议已然解除，张家存算是达到了部分目的。但是原本属于张家存控制的凯发公司，却还被黎长国、张艳萍占有大部分股份。上次召开股东会，因为召集程序问题，致使开除股东功亏一篑。张家存决定再来一次，这一次要严格按照法律规定办理，要聘请专业律师，还要请公证人员到场，这样肯定能达到目的。

张家存特意去咨询律师，律师分析说，《最高人民法院关于适用〈中华人民共和国公司法〉若干问题的规定（三）》中只是提到全部抽逃出资或者没有出资的股东，可以开除。但是此前还有一个情节，张艳萍虽然挪用了3 500万元，但是因项目前期需要费用，张艳萍也按张家存的要求向集力公司垫付过850万元。该怎么办呢，张家存此时也有点犹豫。

最终，张家存说服了自己，850万元是关联公司垫付的，与返还凯力公司的出资款没有关系。张家存鼓足勇气，不论如何，都要勇往直前。

2015年10月28日，凯发公司召开董事会，并作出决议，催促张艳萍、黎长国返还出资款，并发出催告返还抽逃出资函。为了保障整个股东会程序的合法性，会议全程聘请了公证处的公证人员。

催告返还抽逃出资函如下图所示。

催告返还抽逃出资函

股东张艳萍、黎长国：

二位股东于2008年1月4日增资后，随即于1月7日将增资的3 500万元抽逃，至今未返还给公司。抽逃出资的行为，不仅严重违法，更是严重侵害了凯发公司的合法权益。为此，通知你二位股东在收到本函或者在凯发公司依法将本函公告后五日内，向公司返还抽逃的出资3 500万元并赔偿利息……

凯发公司

2015年10月28日

为了防止张艳萍、黎长国拒绝接受催告返还抽逃出资函，凯发公司采取了特快专递的送达方式，同时在《财经日报》《法制报》《工人日报》公告了催告返还抽逃出资函。同时以手机短信的方式向张艳萍、黎长国发送了告知信息。张家存把能用的送达方式都用了，他下定决心，绝对不会被同一块石头绊倒两次。

张艳萍收到催告返还抽逃出资函后，心里想着上次的所谓“开除”就被法院确认为不成立。这一次想必也翻不起什么大浪，遂对这一次张家存的动作置之不理，并且告诉黎长国也不用理会。

2015年11月6日，凯发公司再次召开董事会，董事会作出如下决议：凯发公司于2015年11月27日召开临时股东会，股东会审议议题：①解除张艳萍公司股东资格；②解除黎长国公司股东资格；③公司增资、减资等事项。

为了保障程序的合法性，凯发公司于2015年11月9日通过《工人日报》《法制报》《财经日报》公告该通知，并通过手机短信、邮政特快专递方式向张艳萍、黎长国送达。

2015年11月27日，凯发公司召开股东会，黎长国、张艳萍未到会，参加会议的股东持股比例共计30%。经审议，并经参会股东具有三分之二以上表决权的股东同意，通过以下三项决议。

凯发公司股东会决议如下图所示。

凯发公司股东会决议

会议时间：2014 年 5 月 5 日

会议地点：凯发公司会议室

会议性质：临时股东会议

出席会议人员：张家存

根据《中华人民共和国公司法》及本公司章程，本次股东会由张家存召集并主持会议，经与会股东表决，通过以下决议：

1. 解除张艳萍的公司股东资格；

2. 解除黎长国的公司股东资格；

3. 解除黎长国和张艳萍二人股东资格后的 70% 的公司股权，转由张家存根据现有法律法规增资。

股东（签字或盖章）：张家存

2015 年 11 月 27 日

整个股东会全程由公证处人员予以公证，并出具公证书。

股东会开完，公证书在手，张家存自认为胜券在握。

2015 年 12 月 16 日，凯发公司向工商部门提出股东变更登记申请，请求将股东张艳萍、黎长国除名，张艳萍、黎长国名下股份变更为张家存持有。并依据工商部门要求提交如下材料：

①公司登记（备案）申请书；

②指定代表人或者共同委托代理人授权委托书；

③法定代表人信息及身份证复印件；

④由法定代表人张家存签字的变更申请；

⑤ 2015 年 11 月 27 日公司通过的临时股东会会议决议；

⑥公证处出具的公证书。

第六节 “痛快”难得

工商部门的工作人员受理了上述申请后，根据张家存之前的所作所为，认为没有法院判决不能办理变更登记。工商部门的工作人员告知张家存，没有股权转让协议，不符合变更登记的法定条件，需要补充相关材料。

张家存当时很生气，张艳萍怎么可能配合做股权变更呢？如果张艳萍愿意签订股权转让协议，还用得着这么大费周章开股东会？又是公证处公证，又是登报。愤怒过后，张家存没有办法，只能选择起诉，继续交诉讼费和律师费。张家存又提起行政诉讼，要求判令工商部门办理变更登记。

庭审中无论张家存一方有千条妙计，工商部门就咬住一点，股东变更登记需要股权转让协议，这是法律规定。

法院经过审理认为：《中华人民共和国公司登记管理条例》规定，公司在进行股东变更登记时，应当向工商行政管理部门提交相应的文件。其中，变更股东、股东向其他股东转让全部股权的案件需提交股东双方签署的股权转让协议或者股权交割证明。因此，不提交文件、提交文件不全或不符的，工商行政管理部门无法进行变更登记。本案中，工商行政部门在审核后，不予办理变更登记并告知补充相关文件，符合法律规定。

张艳萍、黎长国所持的股权，经股东会决议转由其他股东增资，应履行法定的增资程序，并应待其他股东按《中华人民共和国公司法》规定缴纳出资后，再向工商部门申请股东变更登记。

第七节 拔锅卷席

至此，张家存明白了，没有法院的判决，他就是开几百次股东会，工商部门也不会配合的。无奈之际，张家存将凯发公司诉至法院，将张艳萍、黎长国列为第三人，请求法院依法确认凯发公司的股东会决议合法有效。

这一次张艳萍和黎长国非常重视，两人全都出庭应诉。张家存此前所下的功夫没有白费，送达严谨，公证有效，董事会、股东会等流程合法，这些工作在庭审中发挥了作用。

经过调查，法院认为：

（1）张艳萍将 3 500 万元汇入凯发公司验资账户后的第三天，便将 3 500 万元从凯发公司账户转出。从以上事实可以看出，出资款在短时间内被抽走。

在股东抽逃出资的情形中，抽逃出资的股东往往会以出具借条、签订借款合同、虚拟交易等方式来掩盖抽逃的性质。本案中，张艳萍的行为是典型的法条中描述的“其他未经法定程序将出资抽回的行为”，构成抽逃出资。

（2）根据本案事实，经凯发公司催告后，张艳萍未能在合理期间内返还出资款，凯发公司依法有权解除其股东资格。凯发公司于 2015 年 11 月 27 日通过的股东会决议并未违反法律及公司章程规定，会议的召集、表决程序并无不当，该股东会决议依法应当认定为有效。

此外，张艳萍的股东资格被解除后，凯发公司应根据公司法的相关规定及公司章程约定，及时办理减资程序或由其他股东或者第三人缴纳相应出资。

最终，法院判决确认股东会决议有效。

拿到判决书的那一刻张家存舒了一口气，但他心里明白张艳萍和黎长国肯定会再上诉。

第八节　一切都是细节问题

张艳萍不服法院判决，联合黎长国一起提起上诉，但高级人民法院维持原审判决。一时间，黎长国心灰意冷，开始准备起诉凯发公司讨要垫付的工程款。但张艳萍不是一个容易放弃的人，想通过股东会决议开除她，没那么容易。于是，张艳萍又向最高人民法院申请了再审。

高级人民法院经审理认为：

（1）在股东抽逃全部出资的情况下，公司要想以股东会决议的方式解除股东资格，需要催告股东返还抽逃的出资，并给出合理的期限。本案中，凯发公司给张艳萍预留的 5 天还款期限也难谓合理。但考虑到毕竟是张艳萍抽逃出资在先，且凯发公司早在 2014 年就曾通过股东会解除过张艳萍的股东资格，张艳萍通过诉讼撤销了该股东会决议。由此可以证明张艳萍对凯发公司要求其返还出资是知情的。在此情况下，预留 5 天期限也算适当。

（2）公司以股东会决议的方式解除股东资格，需要符合法律、公司章程规定的程序。股东会决议解除张艳萍、黎长国的股东资格，根据凯发公司的章程以及《中华人民共和国公司法》第 43 条第二款的规定，该决议只有经代表三分之二以上表决权的股东通过才合法有效，而这又涉及被除名的股东是否享有表决权这一问题。

被除名的股东不享有表决权，因为股权来自出资，在要被除名的股东抽逃全部出资的情况下，不应享有股权，自然也不享有表决权，公司有权单方面解除抽逃全部出资股东的股东资格。如果被除名的大股东仍然享有表决权，那么法律将形同虚设。所以张艳萍不享有表决权。

本案中，凯发公司股东会决议的第一项内容就是解除张艳萍的股东资格。张艳萍不享有表决权，但此时黎长国尚未被除名，属于有表决权的股东。在此情形下，关于解除张艳萍股东资格的股东会决议仅有 30% 表决权的股东通过，未达到法定表决权比例，根据《最高人民法院〈中华人民共和国公司法〉若干问题的规定》第 5 条规定，案涉股东会决议不成立。

至此，张家存又失败了，败在股东会决议中开除股东的方式。这甚至不是法律问题，而是文字问题。如果股东会决议将开除张艳萍、黎长国放在股东会决议第一项内容中，那么该项决议很有可能被高级人民法院支持。

张艳萍的“阻击战”又一次取得胜利！

商战是通过消耗资源，以鲜血与决心达到目的。战争总是痛苦的，商战也不例外，它不像电视剧演绎得那么有趣，也不总是那么低俗、简单粗暴。但只要应对得当，商战可以避免。即使避无可避，也能以最小的成本解决战斗。

工欲善其事，必先利其器，进行商业斗争，必须配备专业的律师团队，否则难免凭空多生波折。

[寄语]

张家存第一次开除股东失败，又进行了第二次，失败后又进行了第三次，最终仍以失败告终。张家存对此有恒心、有毅力，这是成功的必备条件，可惜缺少了一个精通《中华人民共和国公司法》的律师。

这个案例把人性演绎得淋漓尽致，所有的合作都建立在共赢的基础之上，若想自己占便宜而让对方吃亏，最终的结局只能是双输，不可能双赢。建议各位读者，在以后的合作中，多站在对方的角度考虑问题，正所谓“己所不欲，勿施于人”，做人的基本准则，也是经商的基本准则。

本案是一例因为补缴土地出让金和相关税费引发的股东间纠纷，一方要求严格按照协议履行，一方要求股东赶快出资，双方都有理有据，最终都闹得双输。《论语·为政》中提到“道之以政，齐之以刑，民免而无耻。道之以德，齐之以礼，有耻且格。”说的也是这个道理。

[编者评语]

商战是“在战争中学习战争”，本案中的企业家都是在商战中锻炼、成长的。专业的律师能在商战中可以为企业家提供解决问题的思路和有效获取权力：法律未明确规定缴纳或者返还出资的合理期间，在本案中凯发公司给张艳萍预留的是5天，另有案例认为至少给予被催告方1个月的期限供其缴纳或返还出资，可见律师的谈判能力在一定程度上会影响个案认定。股东除名表决比例究竟是三分之二还是二分之一。根据《中华人民共和国公司法》规定："股东会会议作出修改公司章程、增加或者减少注册资本的决议，以及公司合并、分立、解散或者变更公司形式的决议，必须经代表三分之二以上表决权的股东通过。"因此另有观点认为，除公司章程对股东除名表决方式另有规定外，二分之一以上表决权股东通过除名决议即可。目前法律没有规定未履行出资义务、抽逃出资股东不得参与表决，在司法实践中仍有争议，有案例认为，公司股东未按章程约定履行出资义务或抽逃全部出资，经催告后在合理期限内仍未缴纳或返还出资的，公司可以以股东会决议解除该股东的股东资格。对于该股东除名决议，该未出资股东不具有表决权。

[判决文号]

（1）山东省青岛市中级人民法院（2016）鲁 02 民初 132 号民事判决。

（2）山东省高级人民法院（2017）鲁民终 183 号民事判决（2018）最高法民再 328 号民事判决。

第二战

跨越式的发展，跨过的是什么

读罢此书，掩卷沉思。个体的力量是微弱的，于是需要构建群体形成合力。在组织建构的过程中，矛盾早伏于其中，成功的组织能够化解矛盾，失败的组织就成了本书中的一个个故事，令人警醒。

天津金仓互联网科技有限公司董事长

刘光昭

读者朋友们，上一战张家存的案例展现了程序的重要性。正所谓福祸难料，一杯浊酒泯恩仇。下面的案例，将通过讲述一个“复仇”的故事，让大家了解一下开除股东的后果。

第一节 好风凭借力，送我上青云

宋祥与高彪是一对至交好友，二人都不是上海本地人，但二人闯荡上海滩的心气是那么相似。

2009 年 3 月，二人在“魔都”上海已小有成就，他们共同经营着一家万宇公司，每人出资 50 万元，公司注册资金 100 万元。公司虽然规模不大，但是运转良好。

商海沉浮，转眼到了 2012 年，宋、高二人越来越感觉到公司发展受限，现有的商业模式似乎到了瓶颈期，下一步该如何发展，如何才能实现跨越式的发展，这两个问题让二人一时陷入迷茫。是啊，读者朋友们，那些商海大佬的传记故事，没有谁是匀速发展直至大成的，不都是遇到了某个机遇，才“好风凭借力，送我上青云”。成功的商人发家致富就在于那两年，只不过大部分人一辈子也没等来那两年而已。

就在二人踌躇之际，他们的机遇来了，好哥俩儿在一个酒局上认识了一个名叫金晓燕的外地老板。这位金老板虽是女流，但出手阔绰，酒量惊人，为人甚是豪爽，眉眼间透出一股男人的英雄气概。

酒到酣处，宋祥与高彪了解到金晓燕是杭州人，名下有一家好旭公司，主要做票据贴现业务。她的票据贴现业务做得风生水起，一天的利润就有几十万元。金晓燕告诉宋祥、高彪，这类业务目前市场广阔，不妨一试。

酒局后，宋祥与高彪从侧面了解了一下，发现金晓燕所言似乎并无夸大之处，票据贴现业务也似乎确有可为，一时之间不禁心痒难耐。难道这就是宋祥与高彪兄弟二人的跨越式发展机遇么？

心动不如行动，宋、高二人又找了个机会与金晓燕详谈一番，这一次金晓燕直言不讳地告诉他们，做票据贴现业务的公司必须注册资金雄厚的公司，而二人目前的万宇公司注册资金才 100 万元，远远不够。可哥俩手中拿不出几千万元，甚至动辄上亿元的资金。这时，金晓燕表示自己正有意进军上海市场，三人有合作的空间。金晓燕拍着胸脯表示注册资金她来解决。宋、高二人这才明白，金晓燕原来早有预谋。

宋祥、高彪两人考虑了几天，想着自己目前确实没有能力解决注册资金的问题，业务上也确实需要前辈带领，最终同意与金晓燕合作。这边的金晓燕打的却是借鸡生蛋的如意算盘，也就是用客户的资金做增加注册资金，所得股权归自己所有。

最终三人定下的合作方式是，金晓燕以好旭公司名义入股万宇公司，出资 9 900 万元。

说干就干，万宇公司的股东就是宋祥和高彪，开会也方便。2012 年 8 月 28 日，万宇公司召开股东会会议，作出决议，同意好旭公司入股。

万宇公司股东会决议如下图所示。

万宇公司股东会决议

会议时间：2012年8月28日

会议地点：万宇公司会议室

会议性质：临时股东会议

出席会议人员：股东宋祥、股东高彪

根据《中华人民共和国公司法》及本公司章程，本次股东会由股东宋祥、高彪召集并主持会议，经与会股东表决，通过以下决议：

1. 同意增加公司注册资本，由100万元增至1亿元；

2. 同意吸收新股东好旭公司；

3. 增资后的股东、出资情况及股权比例为：宋祥60万元（0.6%）、高彪40万元（0.4%）、好旭公司9 900万元（99%）；

4. 通过新的公司章程；

5. 宋祥为执行董事、高彪为监事

股东（签字或盖章）：宋祥

股东（签字或盖章）：高彪

2012年8月28日

同日，万宇公司通过了新的公司章程，公司章程第五条关于公司注册资本、股东出资额及持股比例的内容与上述股东会决议一致。

工商变更登记后，金晓燕便将9 900万元的注册资金打入万宇公司账户。2012年9月14日，会计师事务所审验了万宇公司新增注册资本的实收情况，并出具了验资报告。

万宇公司股权结构如图所示。

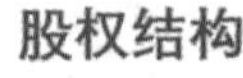

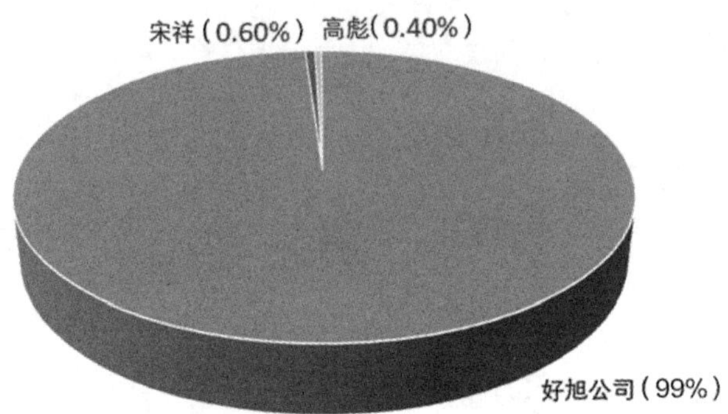

验资完成后，9 900 万元的验资款自然要还给金晓燕的客户，万宇公司将 9 900 万元分别返还雁拓公司和风洞公司。

第二节 世上没有免费的午餐

2013 年 12 月，金晓燕给宋、高两人介绍了一笔业务，票据金额近 3 000 万元，这一笔业务就能挣 30 万元。两人自是很高兴，金晓燕此时却提出了一个请求，希望万宇公司为她的一笔借款做个担保，哥俩儿考虑再三，还是答应了。这一答应就为今后的故事埋下了伏笔，正所谓“当日风光千般好，化作香饵钓金鳌”。

2013 年 12 月 11 日，金晓燕按照之前所说，为宋、高两人带来了一大单业务。票据权利转让协议书如下图所示。

票据权利转让协议书

甲方（受让人）：万宇公司

住所地：XXXXXXXXX

法定代表人：XXX

乙方（出让人）：泰韦公司

住所地：XXXXXXXXX

法定代表人：XXX

甲、乙双方依照相关法律、法规的规定，经友好协商，就以票据转让相关事宜达成一致，特签订本合同，以使各方遵照执行。

第一条　转让标的

乙方自愿按照本合同约定将其合法拥有的五份银行承兑汇票转让给甲方，转让的票据资产票面总金额为人民币 2 808 万元整，转让的票据资产明细详见附件。

第二条　转让价格

本合同项下的转让标的的转让价格为人民币 2 719 万元整（大写贰仟柒佰壹拾玖万元整）。

第三条转让价款的支付

万宇公司在本合同签订之日起 2 日内向泰韦公司支付票据权利转让款 2 719 万元。

……

……

附件：

……

甲方（签字或盖章）：万宇公司

2013 年 12 月 11 日

乙方（签字或盖章）：泰韦公司

2013 年 12 月 11 日

同日，好旭公司因资金需要向泰韦公司借款 500 万元，宋、高二人按照先前对金晓燕的承诺，以万宇公司对该笔借款提供担保，并由好旭公司出具借据，万宇公司在担保人处盖章确认。当日，泰韦公司向好旭公司指定的银行账户存入 500 万元。

好旭公司借据如下图所示。

借据

今好旭公司向泰韦公司借款 500 万元，使用期限 2 天。该款直接汇入好旭公司账户，待办理银行承兑汇票完毕后，借款人以银行承兑汇票的形式偿还该笔借款，并支付承兑汇票的贴现利息。若借款人在收到款项后 2 日内未能提供银行承兑汇票的，借款人应归还出借人借款本金及支付相应的利息（利息按月息 2% 计算）；万宇公司自愿对上述借款承担连带保证责任。

借款人：好旭公司

担保人：万宇公司

2013 年 12 月 11 日

万宇公司收到票据后，当天便把票据质押给民生银行贷款，向泰韦公司支付了 2 719 万元转让款。但金晓燕却说要去收票，将另外 700 多万元挪走自己使用。

泰韦公司发现 500 万元借款和被金晓燕挪用的 700 多万元不能如期收回，慌了神，不停地找金晓燕和宋祥商谈，可是金晓燕此时资金链似乎也出现了问题，拿不出钱，一再恳求宽限几日。宋、高二人本就被金晓燕所裹挟，此时也只能听之任之。上贼船容易下贼船难，更何况是金晓燕的大贼船。

2013 年 12 月 23 日，泰韦公司忍无可忍，将万宇公司告上法院，要求还款 1 200 万元并赔偿利息。庭审过程倒是不复杂，虽然说是两种性质的款项，但归根结底不过是欠债还钱而已，这不是本故事的重点。重点是，最终法院判决万宇公司向泰韦公司支付 1 200 万元及利息损失。随后，2014 年 4 月，泰韦公司向法院申请强制执行。

眼看着万宇公司就要承担500万元的担保债务，这时曾经可爱的金晓燕也不再可爱了。宋祥和高彪不断找金晓燕索要执行款项500万元，500万元毕竟不是小数目！金晓燕仍然是极其淡定地表示没钱。曾经令两兄弟欣赏的淡定性格，如今看来竟如此可恶。

万般无奈之际，宋祥与高彪唯有互发牢骚，感觉中了金晓燕的金蝉脱壳之计：回想从前，虽然挣不到大钱，可心里踏实啊！ 这次一下子就欠了1 200多万元！都是被金晓燕坑了，如果她出资的9 900万元还在的话，公司也有钱还啊！

“如果出资款还在的话”， 一语惊醒了梦中人。二人赶紧咨询律师，探讨一番后最终作出了决策，若金晓燕不出钱就把她踢出去。此时二人颇有“兄弟同心其利断金”的气概，不再是当初被人顶门要债时的模样了。

第三节　绝地反击

宋祥、高彪二人开始筹谋开除股东事宜。首先，催索出资款。宋祥以公司执行董事的身份，向好旭公司邮寄了一封催告返还抽逃出资函。

催告返还抽逃出资函如下图所示。

催告返还抽逃出资函

好旭公司：

你公司已抽逃全部出资9 900万元，望30日内返还全部抽逃出资，否则，万宇公司将依法召开股东会，解除你公司股东资格。

万宇公司

金晓燕收到这份函件后，置之不理，对于曾经被自己玩弄于股掌之间的二人，她根本没放在眼里。

宋祥和高彪此时对于要回出资款已经绝望了。2014 年 3 月 6 日，宋祥在律师的指点下，以万宇公司的名义向好旭公司邮寄了一份书面临时股东会会议通知，通知 2014 年 3 月 25 日上午 10 点召开股东会，审议关于解除好旭公司股东资格的事项。

好旭公司指派人员作为代表，参加了万宇公司临时股东会。股东会期间，宋祥和高彪自然是投赞成票，赞成开除好旭公司股东资格，但是宋、高二人仅占万宇公司 1% 股权；好旭公司占万宇公司 99% 股权，其投反对票，反对开除好旭公司股东资格。这样的表决权比例真的行得通吗？

最终的会议记录内容如下图所示。

万宇公司股东会会议记录

会议时间：2014 年 3 月 25 日

……

5. 到会股东就解除好旭公司作为万宇公司股东资格事项进行表决。

6. 表决情况：同意 2 票，占总股数 1%，占出席会议有效表决权 100%；反对 1 票，占总股数 99%，占出席会议有效表决权的 0%。

表决结果：提案通过。

股东（签字或盖章）：宋祥

股东（签字或盖章）：高彪

注：好旭公司不认可第 6 项中“占出席会议有效表决权的 100%”及“占出席会议有效表决权的 0%”的表述。

最后形成的书面股东会决议如下图所示。

万宇公司股东会决议

会议时间：2014 年 3 月 25 日

会议地点：万宇公司会议室会议性质：临时股东会议

出席会议人员：股东宋祥、股东高彪、股东好旭公司代理人根据《中华人民共和国公司法》及本公司章程，本次股东会由股东宋祥、高彪召集并主持会议。因股东好旭公司抽逃全部出资，且经合理催告后仍未及时归还，故经其他所有股东协商一致，通过以下决议：

1. 解除好旭公司的股东资格；

2. 万宇公司于本决议作出后30日内向公司登记机关申请办理股东变更登记及减资手续。

股东（签字或盖章）：宋祥

股东（签字或盖章）：高彪

2014年3月25日

宋祥、高彪在该股东会决议上签字，而好旭公司代理人拒绝签字。

股东会开毕，2014年4月7日，万宇公司再次向好旭公司发函，通知其股东资格已解除。金晓燕此时觉得，占股1%的小股东竟想开除占股99%的大股东，闻所未闻，滑天下之大稽！这样的股东会决议必然是违法的，是无效的！

金晓燕认为这样的股东会决议就是一张废纸，不做股东更好，公司还欠那么多钱，自己分文未损。而此时宋、高二人对于股东会决议心里也没有底气。既然如此，一不做二不休，宋祥作为万宇公司股东，就此事告到法院，请求确认万宇公司股东会决议有效。

在2014年，这样开除股东的诉讼还很少见，基层法院认为：股东基于股东资格行使股东权利。公司章程确认了好旭公司的股东身份。显然，好旭公司便可行使股东权利。股东表决权是股东的一项重要权利，是股东参与公司重大决策和选择管理者的权利。

即便好旭公司作为股东违反出资义务，抽逃出资，其表决权并不因此受到限制，好旭公司应根据认缴出资的比例行使表决权。若认为好旭公司抽逃出资，可依法要求返还出资本息。

最终，法院认为股东会决议无效。

庭审后，金晓燕说了不少“不自量力”之类的风凉话，但是宋祥没有气馁，当即表示必须上诉，要战斗到底。

案子递到了上级法院，上级法院认为：

（1）好旭公司将9 900万元出资款项汇入万宇公司，但在验资后的第三天，9 900万元出资款即转出，好旭公司未证明合理用途。由此可见，好旭公司的行为属抽逃出资；

（2）股东除名权是一种法定权能，用以惩戒不履行义务的股东，不以征求被除名股东的意思为前提。当某一股东与股东会讨论的决议事项有特别利害关系时，该股东不得行使表决权。开除股东的股东会决议有效。

判决生效后，宋、高二人悬着的心暂时放下了，但仅仅止损并不痛快，到底何时才能真正实现回击啊！加之法院判决生效后，万宇公司并未及时办理股东变更登记手续，所以股东里依然有好旭公司。不过二人不知道的是，牵一发而动全身，报复的美酒早已在不经意间端到他们的嘴边。

第四节　有因有果

读者朋友们，别忘了，泰韦公司才是真正的受害人，既然万宇公司的股东把资金抽走，导致公司无力还债，那么起诉这个股东就顺理成章了。2015年7月，泰韦公司将好旭公司告到法庭，要求好旭公司在抽逃出资本息范围内承担责任。

金晓燕这时才真的有点慌，之前的种种事端毕竟与其切身利害无关，如今却是被人打破了山门，她急忙找律师想对策。

庭审中，好旭公司提出以下两点抗辩理由。

（1）好旭公司早已不是万宇公司的股东，不具承担责任的身份。

（2）万宇公司怠于办理股东变更登记，万宇公司应自行承担责任。

法院认为，商业行为只看外观，也就是外观主义原则，好旭公司必须担责。

抗辩理由不足以推翻原告的诉请，最终依据事实以及法律判决好旭公司在抽逃出资 9 900 万元本息范围内对万宇公司应支付给泰韦公司的转让款及利息承担补充赔偿责任。

这样的判决不但支持了泰韦公司的诉请，同时也为宋、高二人今后如何挽回损失指明了方向。正所谓善有善报，恶有恶报，不是不报，时候未到。

生命中每一份馈赠都暗自标明了价格，你以为的天赐良机，未必不是劫难。经此一事，希望宋祥和高彪两兄弟不要气馁，砥砺前行。商场如战场，读者朋友们若遇此情景，须谨慎而为之。险峰虽有风景之妙，然存身立命方为行商之本。

[寄语]

作为股东被开除，本就是奇耻大辱！若不但被开除，还要为公司的债务承担补充赔偿责任，这让人情何以堪。

股东抽逃出资是要承担责任的，具体来说是在其抽逃出资的本息范围内承担补充赔偿责任。但是，作为协助抽逃出资的其他人员也应承担连带责任！也就是说，本故事中的宋祥和高彪二人也难逃责任。

在这里也奉劝各位企业家，有时候自以为的“理所当然”，其实是在给自己挖坑。未雨绸缪，你身边需要一个精通法律的帮手！

公司由小到大，都经历过鲤鱼跃龙门，这一跃可谓九死一生，靠资本的力量，企业便能插上腾飞的翅膀，迅速成长壮大，成为别人眼中的大公司，但有的企业插上翅膀也未必能飞起来，即使飞起来，软着陆也是有难度的。

公司一旦吸引资本，就走上了不归路，只能往前冲，绝不能后退，整个过程一定要有专业人士护航。

[判决文号]

（1）上海市黄浦区人民法院（2014）黄浦民二（商）初字第 589 号民事

判决。

（2）上海市第二中级人民法院（2014）沪二中民四（商）终字第 1261 号民事判决。

第三战

预则立，不预则废

《商战之法》一语双关，即从法律的角度来谈商战。全书通篇鲜有晦涩的专业术语，而是通过讲述律师曾承办的一桩桩真实案例，让读者置身其中，时而津津有味，时而冷汗涔涔。在没有硝烟的商战中，我们要勇毅前行，更要如履薄冰。

天津玉龙源物业管理服务股份有限公司董事长
张立谦

读者朋友们，前两战我们探讨了两个成功的或者说几乎成功的开除股东的案例，那么是不是说只要股东有抽逃出资的行为，其他利益受损的股东就可以轻易地开除他呢？或者说，在商事领域是不是法网恢恢，抽逃出资必被抓呢？

第一节 地产等于财富

合作永远是商业中的一个恒久主题，正所谓“宁学桃园三结义、不学瓦岗一炉香”。下面是一个“庸俗的”与合作有关的故事。

2008 年，全国人民迎接奥运，誓要让世界看到中国的实力。可万万没想到的是房地产这一行业先一步让人民见识了它的能力。在这一年里，人们了解了什么是房价翻倍，了解了什么是“上车”，“上车”的人们有福了，他们吃到了深化改革的红利，人生进入“easy”模式。看空房价的人也有福了，他们可以拥有自由的人生，不用做房奴，自由租房，自由地继续等待泡沫破裂的那一天。

房价节节攀升，不仅影响购房者的心情，更能够激发购房人的焦虑与热情，这也为企业家扩充商业版图带来了机遇。

2008 年，李国东感觉他遇到了人生的大潮。看着地产商们鲸吞寰宇，他先前积累的令人艳羡的财富变得乏味。他不再等待，他要有所行动、乘风破浪、仗剑追风，这一批造富浪潮中应该有他的一份。他辛勤了前半生积累的财富与人脉似乎就是为此刻做准备。

李国东决定采取“借鸡生蛋”的方式进军房地产行业。他想到了陈昌进，一个他认为最适合合作的伙伴。

陈昌进于2001年开始经营祥远建筑公司，在建筑行业算是一条小鱼。陈昌进虽然实力不强，但是他的祥远建筑公司却是一个证照齐全，资质优良的主体。李国东深知陈昌进这几年来一直做一些小工程或者给人做分包，口碑虽然不错，但是钱没赚多少。

李国东要做房地产生意，第一个想到的就是陈昌进。而此时陈昌进对于房地产的行情也非常看好， 想着自己辛苦盯着工地， 钱却没赚多少。如今李国东愿意提携自己一块干，陈昌进的心态不说是感激涕零也相差无几了。

在二人策划今后的合作时，陈昌进提起了一个人，张烁一。

陈昌进的好友张烁一，为人颇为正直肯干，这些年来一直帮衬着陈昌进经营建筑公司，是他的得力干将。陈昌进觉得有必要拉张烁一入伙。李国东初时未置可否，但是陈昌进拉着张烁一与李国东接触了几回，李国东发现张烁一确实有过人之处，办事稳妥，有毅力。遂决定让张烁一也入伙。有这样的机遇，张烁一自然也不会拒绝。但是李国东此时绝没有想到张烁一的毅力会给他带来大麻烦。

到此时，故事里的三个主要角色都出现了。好戏要开场了。

三人合作的第一个问题就是出资。房地产生意必须有大额资金流转，与银行的关系再好，公司也必须有一定实力。李国东是三人中最有实力的。他提出要为陈昌进的祥远建筑公司增资，将公司注册资金增加到2 000万元。祥远建筑公司本来的注册资本是600万元，张烁一的经济实力只能允许他拿出355万元，不足的部分由李国东来出。

2009年5月，祥远建筑公司去工商部门办理了变更登记，将注册资本由

600 万元增至 2 000 万元。

2009 年 10 月 20 日—21 日，李国东分两次向祥远建筑公司转账 1 045 万元。2009 年 10 月 22 日，会计师事务所为其出具验资报告，注明祥远建筑公司已收到出资人李国东缴纳的注册资本人民币 1 045 万元。

股权结构如下图所示。

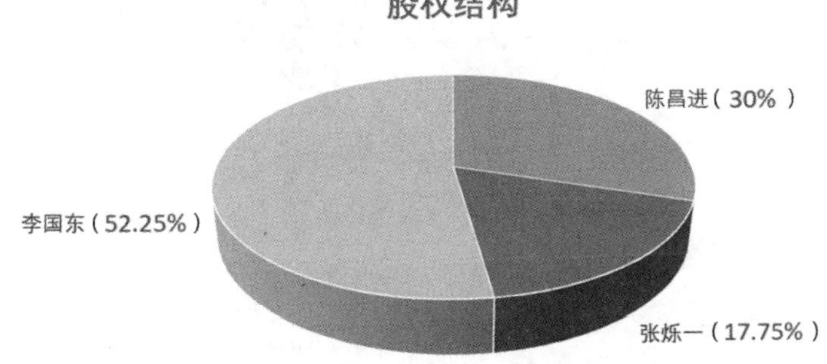

第二节　钱要流动起来

出资完成后，李国东开始了下一步计划。以李国东的性格，他绝不会老老实实地出资 1 045 万元后就没有动作了，在他的人生信条里，资金要流动起来才有价值。至于怎样流动，答案自然是怎样做利润更高怎样流动，其他的就顾不了那么多了。

如何既能够“灵活”运用资金，又不承担出资相关的风险呢？李国东细细地筹划，找执业律师、法院的朋友咨询了一番后，胸有成竹地制订了一个金蝉脱壳之计。

李国东制订的计划如下图所示。

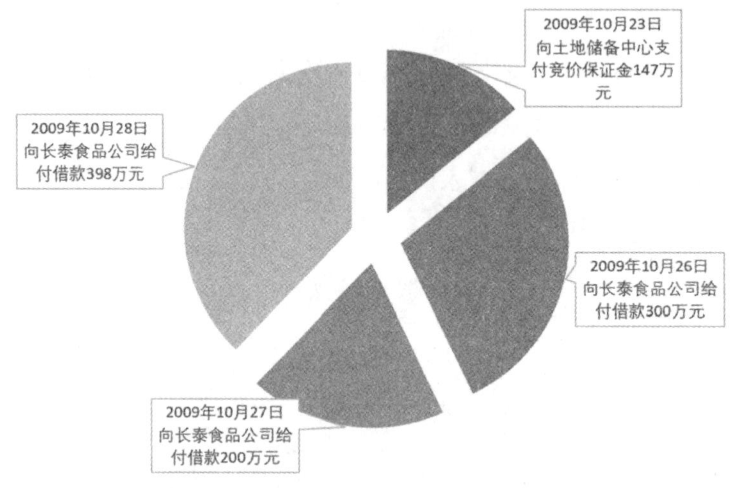

图中显示的四笔款项共计 1 045 万元，多么巧妙的数字啊——1 045 万元，与李国东在祥远建筑公司的出资额正好相同。这一定是个巧合，读者朋友们，不管你信不信，李国东自己是完全相信的，至于长泰食品公司与李国东的关系，李国东总是和朋友这样说“完全是独立的法律主体”。

第三节 推诿的技巧

出资的资金虽然“回收”了，可抽逃出资的风险仍然如同达摩克利斯之剑般悬在头上，李国东紧接着就又给陈昌进和张烁一演了一出“金蝉脱壳”之计。2010 年 3 月的一个春光明媚的早晨，李国东给陈、张二人开了个小会，或者说上了一课。他滔滔不绝地讲述了法人持股的好处， 以及金月食品集团的强大实力，并表示要将他持有的祥远建筑公司的大部分股份转让给金月食品集团，说此举对公司有利无害，并建议陈、张二人若有合适的主体不妨也试试法人持股。陈、张二人此时有点蒙，感觉这件事有什么不对又说不出来，但是无奈形势比人强，最后也就同意了李国东的方案。最终李国东与金月食品集团就股权转让事宜达成合意。

2010年3月12日，李国东与金月食品集团签订股权转让协议，内容如下图所示。

股权转让协议

出让方：李国东（以下简称甲方）

住址：XXXXXXXXXX

身份证号：XXXXXXXXXX

受让方：金月食品集团（以下简称乙方）

住所地：XXXXXXXXXX

法定代表人：XXXXXXXXXX

甲、乙双方依照相关法律、法规的规定，经友好协商，就甲方将其所持祥远建筑公司（以下简称目标公司）的部分股权转让给乙方之相关事宜，达成一致，特签订本合同，以使各方遵照执行。

第一条　经目标公司全体股东同意，甲方将其在目标公司的1 020万元股权，依法转让给乙方，目标公司其他股东同意放弃优先购买权；

第二条　甲方同意以1 020万元人民币（大写：人民币一千零贰拾万元）的价格转让其在目标公司持有的51%的股权，乙方同意以此价格受让该股权，并承诺将股权转让款于2010年3月12日一次性支付。

第三条　甲方依法将股权转让给乙方后，其在目标公司相应的权利、义务由乙方承担。乙方遵守和执行公司章程。

第四条　本协议一式三份，转让双方各执一份，报登记机关一份。

第五条　本协议经甲乙双方签署并报工商行政管理机关登记后生效。

……

……

……

甲方（签字或盖章）：李国东　　　　乙方（签字或盖章）：金月食品集团

2010年3月12日　　　　2010年3月12日

同日，祥远建筑公司作出《章程修正案》，主要内容为：2010 年 3 月 12 日，公司在办公室召开了全体股东会会议，经与会股东充分讨论，对公司章程中的股权结构做如下修改：陈昌进出资 600 万元，占出资比例的 30%，张烁一出资 355 万元，占出资比例的 17.75%，李国东出资 20 万元，占出资比例的 1.25%，金月食品集团出资 1 020 万元，占出资比例的 51%。

股权结构如下图所示。

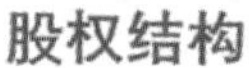

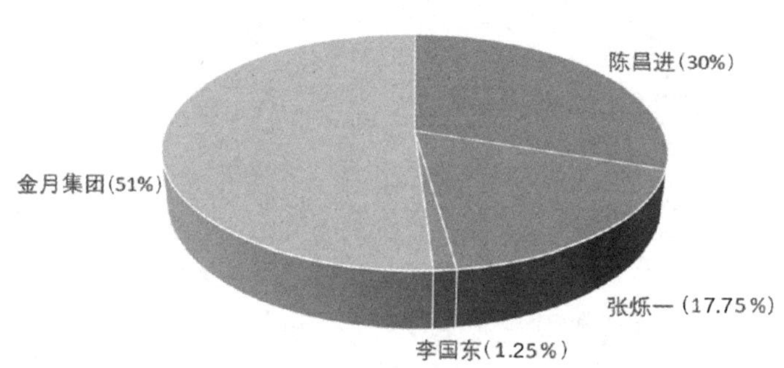

2010 年 4 月 9 日，祥远建筑公司向工商行政管理机关申请就股权变动情况进行登记。

时光飞逝，转眼间 3 年过去了，祥远建筑公司的经营情况只能说尚可，远没有达到当初他们的设想，房地产市场虽然依旧火热，但是祥远建筑公司的效益很一般，甚至略有亏损。当年三人的雄心壮志也化作怨怼，笔者在这里要情不自禁地要感叹一句，有李国东这样的企业家做领袖，事态的发展的变化似乎也不足为怪。

公司效益一般，张烁一提出维持经营需要资金，要求李国东将当初转走的出资转一部分回来。当初李国东的出资几乎都以借款的形式转给了长泰食品公司，这时李国东故技重施。

李国东的出资方式如下图所示。

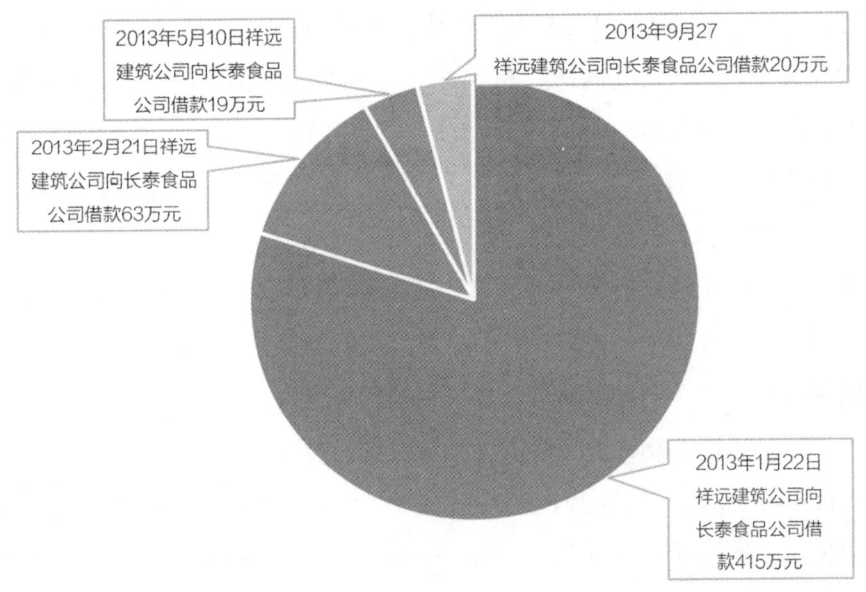

请注意，这里是借款不是还款，其中的奥妙后面再说。时间转眼到了 2015 年，祥远建筑公司经营每况愈下，股东之间的矛盾也愈发激烈。李国东此时下决心要摆脱陈、张二人，但是在有所行动之前，李国东要榨干祥远建筑公司的最后资产。

2015 年 7 月 1 日，长泰食品公司起诉祥远建筑公司要求偿还借款 517 万元，对此事陈、张二人甚至不知情，在庭审中祥远建筑公司的代理人表示认可借款，却只字不提长泰食品公司尚欠祥远建筑公司 1 000 余万元的事实，也完全不主张抵销，这个答案也许李国东知道，但是法官肯定不知道。于是法院公事公办，判决祥远建筑公司偿还长泰食品公司 517 万元借款。至此，李国东的计划很成功。

第四节　合伙人的愤怒

陈昌进与张烁一再迟钝也会发觉，李国东实际已经抛弃了祥远建筑公司，二人怒火中烧，投入资金和近十年的岁月，结果都随风而去了。人有几个十年啊，被背叛、被抛弃、被伤害的情感充斥着二人的内心。但是男子汉大丈夫又岂能做弃妇状，二人收拾心情，重整旗鼓。此时祥远建筑公司是二人拥有的最大财富，李国东可以抛弃、搁置它，陈、张二人可没有这个资本。但是如果继续经营该公司等于继续给李国东打工卖命，这让人情何以堪。

于是二人开始寻求破局之道，不禁让人感叹，二人要是早有这样的心思又岂能落到如今这般田地。经咨询律师，找法院的朋友，上网寻求答案，最终，二人决定将李国东、金月食品集团的股东资格开除。

于是陈、张二人开始了严格依法开除股东的流程。

2017 年 3 月 14 日，在公证处的公证下，祥远建筑公司向李国东及金月食品集团发出追缴注册资本通知书，要求李国东返还抽逃出资 1 045 万元；要求金月食品集团在受让股权范围内向公司足额缴纳抽逃出资 1 020 万元。

追缴注册资本通知书如下图所示。

追缴注册资本通知书

股东李国东、金月食品集团：

二位股东，现公司通知你们，股东李国东自收到该通知书之日起 15 日内，向公司足额缴纳已经抽逃的出资 1 045 万元；股东金月食品集团自收到该通知书之日起 15 日内，在受让股权范围内向公司足额缴纳已经抽逃的出资 1 020 万元。

祥远建筑公司

2017 年 3 月 14 日

2017 年 3 月 30 日，张烁一向祥远建筑公司执行董事陈昌进提起公司临时股东会议案，建议召集股东会，开除股东。

公司临时股东会议案如图所示：

公司临时股东会议案

会议时间：2014 年 3 月 25 日

鉴于公司于 2017 年 3 月 14 日向李国东、金月食品集团发出“追缴注册资本通知书”，但其并未按通知的要求补足已经抽逃的注册资本。本人作为持有公司 10% 以上股权的股东，现依法提议召开临时股东会，根据章程的约定及公司法规定对如下事项进行表决：

1. 限制李国东、金月食品集团行使股东权利；
2. 将股东李国东、金月食品集团予以除名；
3. 根据表决结果修改公司章程。

祥远建筑公司

陈昌进作为公司执行董事，非常赞同张烁一的提议，于是开始筹备召开股东会事宜。

2017 年 4 月 10 日，在公证处的公证下，祥远建筑公司执行董事陈昌进向李国东、金月食品集团发出关于召开公司临时股东会会议的通知及其附件公司临时股东会议案。

关于召开公司临时股东会会议的通知如下图所示。

关于召开公司临时股东会会议的通知

2017 年 3 月 30 日，公司股东张烁一向执行董事提请召开临时股东会会议，并对本通知所附的《临时股东会议案》中的事项进行表决。根据《中华人民共和国公司法》和本公司章程的规定，本人作为公司执行董事，决定召开临时股东会会议，现通知你在下述时间、地点参加临时股东会会议，并对本通知议题所列事项进行表决。

一、本次会议基本情况

会议时间：2017 年 5 月 3 日上午 10 点

会议地点：兴海路 30 号海之居商务宾馆会议室

召集人：陈昌进

主持人：陈昌进

召开方式：现场会议、现场投票表决

二、会议议题

1. 限制李国东、金月食品集团行使股东权利；

2. 将股东李国东、金月食品集团予以除名；

3. 根据表决结果修改公司章程。

附件：《公司临时股东会议案》

陈昌进 （签字）

祥远建筑公司 （盖章 ）

2017 年 4 月 10 日

2017 年 5 月 3 日，在公证处的公证下，祥远建筑公司召开临时股东会议，并形成公司股东会决议。

公司股东会决议如下图所示。

祥远建筑公司股东会决议

会议时间：2017 年 5 月 3 日上午 10 点

会议地点：兴海路 30 号海之居商务宾馆会议室

会议性质：临时股东会议

出席会议人员：张烁一、陈昌进

根据《中华人民共和国公司法》及祥远建筑公司章程规定，本次股东会会议由执行董事陈昌进主持，股东张烁一、陈昌进出席，股东李国东、金月食品集团缺席，审议并通过以下决议事项：

1. 限制股东李国东、金月食品集团行使股东权利，具体包括表决权、利润分配请求权、新股优先认购权、剩余财产分配请求权；

2. 将股东李国东、金月食品集团予以除名；

3. 根据表决结果修改公司章程。

股东（签字或盖章）：陈昌进

股东 （签字或盖章）：张烁一

2017 年 5 月 3 日

至此，陈、张二人办完了他们可以控制的全部流程，然后意料之中的情况是工商部门不同意办理变更登记，陈昌进直接让张烁一去法院起诉，要求确认 2017 年 5 月 3 日作出的公司股东会决议有效，即开除李国东的决议有效。

于是一场以张烁一为原告，祥远建筑公司为被告，李国东、金月食品集团有限公司为第三人的公司决议效力确认纠纷诉讼拉开了帷幕。

庭审中，张烁一与祥远建筑公司自然是一致对外的，要求确认李国东、金月集团抽逃出资，开除股东的股东会决议有效。

李国东则要求法庭驳回原告的诉请。他认为自己并未抽逃出资，张烁一主张他和金月食品集团抽逃出资，应当举证证明，而不应由他和金月食品集团自证。公司间的正常拆借行为并无不当。实际上祥远建筑公司与其他公司之间也存在多次拆借行为。

金月食品集团则辩称本公司的股权是依法受让取得、程序合法有效，李国东转让 1 020 万元股权时其他股东是知情且放弃优先购买权的，且在转让当日，全体股东还一致通过了章程修正案。

至此，案件的焦点变成了以下两个问题：①李国东、金月食品集团是否构成抽逃出资；②祥远建筑公司于 2017 年 5 月 3 日作出的祥远建筑工程有限公司股东会决议是否有效。

围绕上述焦点问题，法院审理后最终判决驳回了张烁一的诉请。法院经审理认为，李国东实缴出资 1 045 万元后，祥远建筑公司分三次向长泰食品公司出借资金 898 万元，另外 147 万元用于支付土地储备中心土地竞价保证金，祥远建筑公司曾于 2013 年 1 月 22 至 9 月 27 日分四次向长泰食品公司借款 517 万元。从上述借款行为可以看出，祥远建筑公司与长泰食品公司之间互相存在多次借款行为，是正常的企业间资金拆借关系，不能认定李国东构成抽逃出资。金月食品集团通过合法的程序受让了李国东的股权，亦不能构成抽逃出资。

至此陈、张二人开除李国东的一审诉讼失败。但是二人没有气馁，再接再厉，上诉是必然要上诉的。由张烁一提起上诉，要求改判确认公司股东会决议有效。

二审法院认为：公司通过企业拆借方式抽逃出资，在企业账目上必然会出现虚假合同、不符合常理的借贷关系、违反会计记账规则的账目记载等情况。针对李国东和金月食品集团的抽逃出资行为，祥远建筑公司应提供充分的证据证明才行。

抽逃出资既然不能被认定，那么开除股东的股东会决议自然无效，二审也就被驳回了。

陈昌进与张烁一二人输了官司，越想越气。为什么会输呢，到底错在哪了呢？这两个问题困扰了他们好久，让二人久久不能释怀。

在笔者看来，这二人第一败在轻信，第二败在盲目。轻信李国东的人品，盲目地采取行动。反观李国东，先抽逃资金，然后用金蝉脱壳的方式将大部分股份转手。李国东将股份转手后作出大量的资金拆借行为，将抽逃资金走向的痕迹淹没在其中，使得抽逃出资的行为无法被法院认定，同时通过法院诉讼的方式将最后的流动资金抽走，手段相当狠毒。李国东思路明确，执行力强，走一步看三步，虽然人品可疑，但是商场自古如战场，只有胜利者才能活到最后，令人唏嘘。

法院仅提供了一个博弈的平台，法官必须以证据证明的事实为基础判案，保留证据至关重要。

《礼记·中庸》所载："凡事豫则立，不豫则废。"古人诚不我欺！那么陈昌进与张烁一还有别的办法吗？答案是肯定的，但不在本文的探讨范围中。

[寄语]

本章此一战， 让人不禁想到“赔了夫人又折兵”的典故。陈昌进、张烁一二人非但没有把李国东开除，反而被人追索欠款 517 万元。

“一根筋”的方式不可取，陈、张二人不应该贸然开除股东。既然当初是以“借款”的形式抽逃，那就应当要求借款人还款，从而达到充实资本的目的。

法院判决借款人还款后，若借款人不履行还款义务，则陈、张二人再收集证据，主张李国东构成抽逃出资，进而开除股东，阻力将会小很多，何至如此惨败！

每人都怀一颗真诚的心去合作，不好吗？都想着从合作伙伴那里抠一块肉，结果只会两败俱伤。

这是一种自欺欺人的行为，诚于己，精诚合作，一起把事业做起来，共同解决社会问题，为国家、为人类贡献自己的一份力量，比什么都有意义。

[判决文号]

（1）山东省莒县人民法院（2018）鲁 1122 民初 4305 号民事判决。

（2）山东省日照市中级人民法院（2019）鲁 11 民终 567 号民事判决。

第四战

夫妻商战

市面上讲解商场竞争的书籍颇多，但往往讲的都是那些上市明星大公司的沉浮，失之过于宏观。能似本书这样从中国国情出发，贴近基层法人现实的“避坑”类法律书籍并不多见。书中的故事上接改革开放，下接你我，称得上是一本商场浮世绘。

天津科创天使投资有限公司高级投资经理
李明翰

读者朋友们，前面的有关开除股东的案例有的成功，有的失败，但都是商业合作伙伴之间的斗争。下面这个案例是一对夫妻间的商战，战争的激烈程度有甚于前面的故事， 正所谓最了解你的人伤害你最深。当婚姻与商业纠缠，也就注定了离婚掺杂着商战。笔者在这里奉劝读者朋友们一句，夫妻本是有情人，商海无情需谨慎。

第一节 花好月圆，山盟海誓

刘晓芳在 2008 年时已经 30 岁了，对于婚姻，她嘴上说着不着急，可心里还是有几分急迫的，岁月不饶人。自己虽然容貌一般，可工作能力很强，大学毕业以来独立创业，一个女人在商海中拼搏，有几分酸楚，就有几分骄傲，她的爱情在哪里呢?

就在这一年，那个奥运之年，那个房地产之年，刘晓芳在一个酒局中结识了洪高强，这个在未来要与她相爱相杀的男人。洪高强比刘晓芳大几岁，也是一个商人，生意做得要比刘晓芳大一些。二人相识后，惊讶地发现彼此很有共同语言，无论是商业模式还是公司经营理念，二人思想都高度一致。随着二人交往的深入，渐渐的交流话题不再局限于事业，生活中二人也开始交往。两位大龄青年男女走到了一起。2009 年，刘晓芳和洪高强二人登记结婚，并举办了盛大的婚礼，朋友们都笑称他们是有“钱”人终成眷属。

甜蜜不会永远是生活的主旋律，两个事业型人才的生活主题必然是拼搏。2009 年，两人计划成立一家公司，主要做化工原料及产品的进出口业务，这个业务方向可以发挥洪高强的人脉优势，刘晓芳对这个方案也是认可的。恰好洪高强的哥哥洪高刚也对这块业务感兴趣，于是三人决定合伙成立公司，公司名为凯瑞公司，注册资本为人民币 51 万元，洪高强与刘晓芳分别出资 22.95 万元，持股 45%，洪高刚出资 5.1 万元，持股 10%。公司架构商定完毕后，下一步自然是出资，但三人的出资款均只是验资账户一日游，根本就没有留在凯瑞公司。可以说，都是走了一趟过桥资金。

2009 年 7 月 10 日，三名股东一起到工商部门填写了相关表格，凯瑞公司在工商部门正式登记设立，三人的股权比例如下图所示。

股权结构

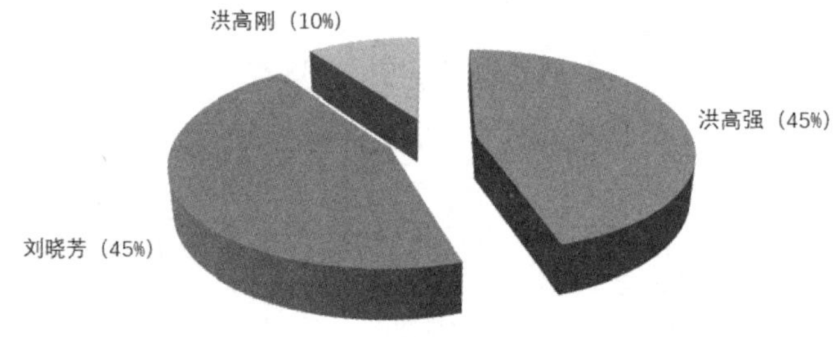

夫妻二人的事业与生活均进入了新的阶段，而好戏也即将开始。

第二节 红颜易老，人心易变

风花雪月的故事总有一天会变为泛黄的故纸堆，柴米油盐才是永恒不变的生活主题。这一点不因爱情双方的身价而改变。刘晓芳、洪高强二人结婚以来，虽然事业上蒸蒸日上，可生活中的龃龉却不断增加。家庭生活、孩子、婆媳关系等方面无不消磨着两个本就不浪漫的人。两人把全部身心都投入了事业，婚姻却在不知不觉间亮起了红灯。若两人仅仅是夫妻倒也好办，问题就在于两人不仅是夫妻还是商业合作伙伴，连对凯瑞公司的持股比例都一样。

时间到了2014年，刘晓芳感觉必须为自己留一条退路了，毕竟在凯瑞公司自己只持股45%，洪家人持股却是55%。如果婚姻无法持续下去，自己的事业或者收入要有所保障。正所谓夫妻本是同林鸟，大难临头各自飞。2014年5月5日，刘晓芳出资成立了一家一人有限公司——诺威尔公司，该公司的经营范围与凯瑞公司的经营范围完全重合，都是化学原材料进出口。对于刘晓芳这样的行为，洪高强虽然不高兴可也没有极力阻止，也许是出于自信，也许是出于自尊心，洪高强自己也说不清道不明。洪高强唯有自嘲一句“家事国事天下事，事事烦心”。

2014年年末，洪高强和刘晓芳提出要对凯瑞公司进行增资。2014年3月公司出资认缴制开始施行后，增资本就是各个公司增强自身信誉的一个常见手段，刘晓芳自然也提不出什么反对意见。凯瑞公司的三个股东决定将注册资本增至300万元，洪高强与刘晓芳各增资112.05万元，洪高刚增资24.9万元，约定于2014年12月30日前增资到位。

2015年5月6日，凯瑞公司召开股东会会议，作出决议。

凯瑞公司股东会决议如下图所示。

凯瑞公司股东会决议

会议时间：2015年5月6日

会议地点：凯瑞公司会议室

会议性质：临时股东会议

出席会议人员：刘晓芳、洪高强、洪高刚

根据《中华人民共和国公司法》及本公司章程，本次股东会由洪高强召集并主持会议，经与会股东表决，通过以下决议：

1. 同意增加公司注册资本，由原注册资本51万元增至300万元；

2. 增资后的股东、出资情况及股权比例为：刘晓芳135万元（45%）、洪高强135万元（45%）、洪高刚30万（10%）；

3. 通过新的公司章程。

股东（签字或盖章）：刘晓芳

股东（签字或盖章）：洪高强

股东 （签字或盖章）：洪高刚

2015年5月6日

同日，凯瑞公司办理了工商登记变更。

第三节 曲终人不散，难求风波平

2016年，洪、刘二人的婚姻再也难以为继了，生活中的每一个小矛盾都让二人无法忍受彼此，再也没有一点感情，家也失去了意义。

刘晓芳对婚姻失去了信心，她没有安全感，她要给自己留一条后路。刘晓芳决定把夫妻共同财产控制在自己手里。2016年2月5日，刘晓芳分两笔将凯瑞公司的159万元转入自己名下，摘要一栏载明为货款。同日，刘晓芳将凯瑞公司的80万元转入她的诺威尔公司。

刘晓芳此时的想法是：如果婚姻能维系下去，自己此时的行为没有大的影响，一旦婚姻无法维系，那么诺威尔公司以及这笔转出的资金就是自己东山再起的本钱。可她没有想到的是，她这样的行为导致夫妻二人间彻底失去了信任，至此矛盾完全激化。洪高强无法忍受刘晓芳转移财产的行为，他认为刘晓芳已经疯了，为了控制刘晓芳的疯狂行径，他把公司的公章、营业执照、网银钥匙等通通控制了起来，不再让刘晓芳接触。而洪高强的行为激化了其与刘晓芳的矛盾，刘晓芳提出离婚。

2016 年 3 月 7 日，刘晓芳将洪高强诉至法院，要求判决双方离婚，并对夫妻共同财产进行分割等。她在该案起诉状中称："2016 年 2 月双方矛盾进一步激化。2 月 4 日，洪高强突然将凯瑞公司经营所需公章、财务章、支付密码器、银行票据等重要印鉴和资料全部拿走。为了防止凯瑞公司账户资金被洪高强转走，她才将凯瑞公司的大部分账户资金转存至自己的账户中以保障资金安全。"

2016 年 4 月 15 日，离婚案开庭，刘晓芳律师为了合理解释转移资金的行为，美其名曰"因夫妻之间矛盾激化，洪高强把公司资料都拿走了，刘晓芳担心，所以才把公司账户上的一部分钱转移到了自己的卡上，金额是 386 万元。这个钱，我们认为是凯瑞公司的资产，不可以直接归并于夫妻共同财产。"

刘晓芳此时的诉讼策略明显是先解除婚姻关系，转出的资金另行解决。这样的方案有利有弊，笔者之后再来分析。法院调解无果后最终判决，婚姻关系解除，财产争议另案解决。

钱在刘晓芳手里，她自然是不着急的，吃得好睡得香，洪高强的心态就没那么好了，半夜做梦都咬牙切齿，只恨自己当时心慈手软，没有早一步把资金控制起来，给了刘晓芳可趁之机。

第四节　前夫开除前妻（股东）

洪高强辗转反侧之际，正是刘晓芳春风得意之时。洪高强不想再忍耐下去，他要通过法律来维权，他本有些好面子，不好意思起诉前妻，可是从 2016 年 4 月诉讼离婚到 2017 年 9 月这一年多的时间里，实在是与刘晓芳沟通无果，想要从刘晓芳的手中要钱太难了。最终的结果我相信读者朋友已经想到了，面子哪有金钱重要，最终免不了法庭上再走一遭。

这一次，洪高强不再打无准备之战，起诉之前先找律师确定好了诉讼方案。最终定下的方案是提起损害公司利益责任纠纷之诉。所谓损害公司利益责任纠纷之诉一般可以定义为公司股东滥用股东权利，损害公司利益而引起的纠纷。刘晓芳私自将凯瑞公司的财产转移毫无疑问是属于股东滥用权利损害公司利益的行为。

于是洪高强以凯瑞公司为原告，以刘晓芳、诺威尔公司为被告提起诉讼，要求刘晓芳立即返还抽逃出资 135 万元、返还侵占公司的财产 160 余万元，并按同期银行贷款利率支付利息至还清为止；诺威尔公司承担连带返还责任。

刘晓芳不承认损害凯瑞公司的利益，另外公司自成立以来未进行过利润分配。

刘晓芳向法庭提供了凯瑞公司的“其他应付款明细账”打印件，证明凯瑞公司转账至刘晓芳的资金是归还欠款，且尚欠刘晓芳借款 20 000 元。

诺威尔公司辩称，损害公司利益责任纠纷，是指公司股东滥用股东权利，损害公司利益而引起的纠纷，而诺威尔公司并不是股东，不具备被告资格。这时凯瑞公司向法庭出示了一份关键证据，是刘晓芳对洪高强提起离婚诉讼的民事起诉状、离婚诉讼庭审笔录一份（调取自人民法院档案室）以及其他记账凭证。在上述证据中，刘晓芳明确阐述了转移凯瑞公司财产的事实。在庭审笔录第 5 页，刘晓芳称：“当时因为夫妻之间矛盾激化，洪高强把公司资料都拿走了，刘晓芳有这个担心，所以把公司账户上的一部分钱转移到自己的卡上，金额是 386 万元。这个钱是凯瑞公司资产。”

凯瑞公司的代理人认为，该陈述足以说明刘晓芳自认侵占公司财产的事实及金额，刘晓芳的行为已经触犯了刑法中关于职务侵占的罪行，请求法庭在查明事实后将本案移送至公安机关调查。

当这句话从凯瑞公司方说出来的时候，刘晓芳彻底愤怒了：夫妻一场，你洪高强居然想让我坐牢。洪、刘二人当场就吵了起来，法官艰难地维持着秩序，主持调解，望这二人能够以和为贵。但是无奈夫妻积怨已深，调解不成，时间无几，只能择日第二次开庭。

第一次开庭后，洪高强越想越生气，本想着夫妻做不成好歹还可以做一个公司的股东，现在看来只能做仇人了：一不做二不休，也不用刘晓芳补缴出资了，干脆把她开除。

在咨询过律师后，洪高强采取了行动。2017 年 10 月 31 日，凯瑞公司书面通知刘晓芳召开临时股东会，会议时间定于 2017 年 11 月 20 日下午 3 点，会议内容为审议“关于股东刘晓芳抽逃全部出资并在公司通知后的合理期限内仍未归还，对其进行股东除名进行表决”的议题。

接到通知函后，刘晓芳一下子就明白了洪高强的伎俩，她是绝不会让洪高强得逞的。既然洪高强说她构成侵占罪，那么她深知洪高强经营凯瑞公司这么多年，总有些不法行为：你要开除我，我就要查你的账，查出证据就要洪高强承担法律责任。

2017 年 11 月 6 日，刘晓芳向凯瑞公司发出一份查阅函，要求查阅凯瑞公司从 2009 年至 2017 年前三个季度的会计财务报告及会计账簿、原始会计凭证。查了你的账，马上报案，这是刘晓芳的算盘。

激烈的攻防到了这个程度，洪高强又怎会没有防备，当即明确告知刘晓芳，损害公司利益的诉讼还在进行中，不允许她查账。

2017 年 11 月 20 日下午 3 点，凯瑞公司按通知函所述召开股东会议。参会股东有洪高强、洪高刚，股东会作出决议，解除刘晓芳股东资格，决议上是洪高强以及洪高刚签字。

凯瑞公司股东会决议如下图所示。

凯瑞公司股东会决议

会议时间：2017 年 11 月 20 日

会议地点：凯瑞公司会议室

会议性质：临时股东会议

出席会议人员：洪高强、洪高刚

根据《中华人民共和国公司法》及本公司章程，本次股东会由洪高强召集并主持会议，鉴于股东刘晓芳在公司经营过程中存在利用职务之便抽逃全部出资及侵占公司财产的行为，并经公司催告在合理期限内仍然未偿还，经与会股东表决，通过以下决议：

1. 解除刘晓芳的股东资格；

2. 解除刘晓芳股东资格后，公司后期协助办理相关变更登记手续。

股东（签字或盖章）：洪高强

股东（签字或盖章）：洪高刚

2017 年 11 月 20 日

开除刘晓芳后，洪高强马上向法院提交了书面的变更诉请申请书，因为刘晓芳已经被开除，撤回了要求刘晓芳补缴出资的请求，仅要求刘晓芳承担损害公司利益的责任。

得知自己被开除，刘晓芳并不慌张，她深信自己必将胜利，开除她没有那么容易。她现在更关心的是查账的事。

2017 年 12 月 5 日，刘晓芳将凯瑞公司告到法院，要求凯瑞公司完整提供公司自成立至今的会计账簿及原始会计凭证、财务会计报告供刘晓芳及委托的专业人士查阅。

刘晓芳的代理律师声称作为公司股东，公司自 2009 年 7 月 10 日成立至今从未按照《中华人民共和国公司法》和公司章程的规定向股东提供过一次财务会计报告。公司的年度财务预算、决算方案也从未提请通过董事会、股东会审议。

刘晓芳曾于 2017 年 11 月 7 日向公司邮寄了要求查账的书面申请即会计账簿查阅函，公司未在法定的期限内回复，至今也未提供一份财务资料、账簿、凭证。

凯瑞公司的代理律师辩称，凯瑞公司在另案诉刘晓芳损害公司利益责任纠纷中，公司通知要求刘晓芳在合理期间内返还全部抽逃出资及侵占公司资金，2017 年 11 月 20 日召开股东会，作出将刘晓芳除名的股东会决议。刘晓芳在起诉前已被公司股东除名，不具有股东身份，因此法院应当驳回起诉。

且就实体而言，刘晓芳出资成立一人有限公司即诺威尔公司，该公司的经营范围与凯瑞公司的经营范围完全重合，并且刘晓芳曾经通过两公司的股东身份将凯瑞公司的自有资金 80 万元转至诺威尔公司，且并未提供任何往来依据。因此，根据《最高人民法院关于适用 < 中华人民共和国公司法 > 若干问题的规定（四）》，股东自营或者为他人经营与公司主营业务有实质性竞争关系业务的，可以认定股东要求查阅公司会计凭证属于具有不正当目的。据此，刘晓芳不但自营与凯瑞公司有实质性竞争关系的企业，而且利用该企业侵害公司合法权益，应当依法驳回查阅账目的要求。

应当说凯瑞公司的代理人的意见是很有说服力的，法庭在查明了凯瑞公司的成立经过及洪、刘二人的离婚诉讼案，尤其是刘晓芳曾经自认私自转移凯瑞公司财产，现在还在打官司的情况后，法庭驳回了刘晓芳的起诉。

法院之所以如此判决，是因为法院认为知情权固然是股东的权利，但凯瑞公司已于 2017 年 11 月通过股东会决议，解除了刘晓芳股东资格，仅凭工商登记资料不能证明刘晓芳具备合法股东资格。刘晓芳如果对股东会决议内容不认可，应先通过法定程序要求撤销决议或确认该决议无效。刘晓芳现起诉要求行使股东知情权主体不适格。据此，裁定驳回刘晓芳的起诉。

行使股东知情权的官司输了，刘晓芳很不服气，但是无奈形势比人强，除了要上诉之外，还必须要想点别的办法，否则就无法实现查账的目的。刘晓芳与律师商议后，决定起诉凯瑞公司，要求确认开除股东资格的股东会决议无效。

若能确认该股东会决议无效，不但可以出一口恶气，而且可以继续查账，要洪高强好看。

于是，2018 年 1 月，刘晓芳就以凯瑞公司为被告，洪高强、洪高刚为第三人提起诉讼，要求确认凯瑞公司作出的股东会决议无效。

法院在查明了凯瑞公司的成立经过、出资情况，洪、刘二人的离婚诉讼情况，开除刘晓芳的股东会召开经过后，驳回了刘晓芳的诉请。

法院认为，依据相关法律规定，有限责任公司的股东未履行出资义务或抽逃全部出资，经公司催告缴纳或者返还，其在合理期间内仍未缴纳或者返还出资，公司以股东会决议解除该股东的股东资格，该股东请求确认该解除行为无效的，人民法院不予支持。

在刘晓芳起诉洪高强离婚案中，刘晓芳自称“将凯瑞公司的大部分账户资金转存在自己的账户中以保障资金安全”，凯瑞公司在 2017 年 9 月起诉要求刘晓芳返还资金 295 余万元，其中包括刘晓芳的出资款 135 万元，该起诉行为可以认为是凯瑞公司向刘晓芳发出的催告，但刘晓芳未在合理期限内返还出资，故凯瑞公司向刘晓芳发出了召开股东会通知书，履行了通知义务，并按期召开股东会作出决议，通过以上程序作出的决议，程序及内容均不违反法律规定。

此时，法院对刘晓芳损害凯瑞公司利益一案也作出了判决。法院认为刘晓芳在离婚案中已经自认将公司名下的款项转入自己名下。刘晓芳无正当理由将公司银行账户内的款项私自转出的行为损害了公司的合法权益，现法院判决刘晓芳返还侵占的资金 160 余万元。

这下刘晓芳真的有点慌了，她没想到当初在离婚诉讼中的一句话会让她如此被动。她这时才理解了那句老话“一字入公门，九牛拉不出”，但是悔之晚矣。为今之计只有上诉再上诉，看看有无翻盘的可能。

2018 年 4 月，她拿到了股东损害公司利益的判决，至此，刘晓芳查账的计划也一败涂地，这让她崩溃不已，可坏消息一个接着一个，2018 年对刘晓芳来说不是一个好年头。这下刘晓芳真的慌得一塌糊涂了，损害公司利益案败诉了，股东知情权案败诉了，股东会决议之诉是她最后的希望，只要决议之诉能赢，她就还是凯瑞公司的股东，她就能查账，洪高强就不敢动她。这是她最后的希望，为此她不顾一切。

在股东会决议之诉的二审中，刘晓芳坚持要求撤销一审判决，依法改判支持刘晓芳的全部诉讼请求。同时刘晓芳向二审法官提供了一个全新的信息，那就是凯瑞公司在设立之初三个股东都没有真实出资，都是利用过桥资金。刘晓芳也是拼了，她已经不在乎抽逃出资可能承担的民事和行政责任了，不管有什么责任她都愿意承担，但是她就是要不顾一切把洪高强拉下水。

刘晓芳成功了。法院经过审理认为，公司是股东之间、股东与公司以及公司与政府之间达成的契约结合体，因此股东之间的关系自当受该契约的约束。在公司的存续过程中，股东始终应全面履行出资义务，否则构成对其他守约股东的违约，进而构成对公司契约的违反。一旦股东未履行出资义务或抽逃全部出资，基于该违约行为已严重危害公司的经营和其他股东的共同利益，背离了契约订立的目的和初衷，所以公司法赋予守约股东开除违约股东的权利。这既体现了法律对违约方的惩罚和制裁，又彰显了对守约方的救济和保护。由此可见，合同“解除权”仅在守约方手中，违约方并不享有解除其他股东资格的权利。

本案中，凯瑞公司的所有股东在公司成立时沆瀣一气，全部抽逃出资，恶意侵害公司与债权人的权益。但就股东内部而言，没有所谓的合法权益与利益受损之说，也就谈不上权利救济，否则有悖于权利与义务相一致、公平诚信等法律原则。即洪高强、洪高刚无权通过召开股东会的形式，决议解除刘晓芳的股东资格，除名决议的启动主体明显不合法。

综上，洪高强、洪高刚无权作出除名决议。二审法院撤销一审判决，凯瑞公司解除刘晓芳股东资格的股东会决议无效。

第五节 威慑下的和平

股东会决议无效意味着刘晓芳还是凯瑞公司的股东，既然是股东就可以行使知情权查账，能查账就能对付洪高强。股东会决议之诉的胜利对于刘晓芳来说可谓一着得手，满盘皆活。现在的情况是，凯瑞公司可强制执行刘晓芳履行损害公司利益之诉的判决，要求其返还侵占款，刘晓芳可以查账威胁洪高强，双方互有手段威胁对方。

“以斗争求和平则和平存，以妥协求和平则和平亡”这句话真是至理名言。当洪、刘二人发现官司打下去只会两败俱伤的时候，他们终于坐了下来，企图协商。

最终，2018年12月，凯瑞公司撤销了对刘晓芳的强制执行，2019年5月4日，刘晓芳离开了凯瑞公司，不再是公司股东。这期间洪、刘二人私下达成了怎样的协议笔者不知，笔者只是不免感慨，夫妻一场，前前后后却打了7个官司，双方均一无所获，黯然收场，令人唏嘘。

[寄语]

这个故事的结局令人唏嘘不已！

首先，刘晓芳作为凯瑞公司的股东，又成立一人公司，并且两家公司的经营范围完全重合。刘晓芳作为股东，已经侵害了凯瑞公司的合法权益，洪家兄弟完全可以主张“归入权”，要求刘晓芳一人公司的收益归入凯瑞公司。

其次，一句话“将本案移送公安机关调查”，彻底激怒了刘晓芳，非拼个鱼死网破。其实，很多时候，不论多么占理，都要保持一个“平衡”，打破平衡势必两败俱伤。

最后，当系列诉讼发生的时候，一定要找一位能够把控全局的律师，永远沿着一条主线，不能只顾眼前，导致“躲一枪、挨一刀”！

总之，奉劝大家，规范经营！因为没有什么是一成不变的，变化才是永恒的真理！

做人，要有情有义；做事，要中规中矩。当分不清楚情义和规矩的界线的时候，也就快要出事了。当分不清做人和做事的时候，也快出问题了。

在这个案例中，很多过火的事情都是因为情引起的，开始破坏规矩，没有底线。

[判决文号]

（1）江苏省常州市钟楼区人民法院（2018）苏 0404 民初 515 号民事判决。

（2）江苏省常州市中级人民法院（2018）苏 04 民终 1874 号民事判决。

（3）苏省常州市钟楼区人民法院（2017）苏 0404 民初 5248 号民事判决。

（4）江苏省常州市中级人民法院（2018）苏 04 民终 1688 号民事判决。

（5）江苏省常州市钟楼区人民法院（2017）苏 0404 民初 6534 号民事裁定。

（6）江苏省常州市中级人民法院（2018）苏 04 民终 1226 号民事裁定。

第五战

两败俱伤

我作为一名已执业三十年的律师，不难看出本书的几位作者都是优秀的法律人，他们笔耕不辍，匠心独运，才能将一个个商战中的法律“故事”或者“事故”条分缕析、娓娓道来，读起来酣畅淋漓，又发人深省。尤为欣慰的是，我的学生杨柳是本书的副主编，我从书中看到了他的努力和成长。

广东信达律师事务所高级合伙人、深圳市国资委法律顾问
徐孟君

读者朋友们，前面的故事中，股东被开除，故事便结束了，可生活中各种变化总会出乎你我的预料。下面的这个商战故事就是在股东被开除后，股东间的矛盾激化到了一个新的高度，出现了一个所有人都不愿意看到的结果。

当引入的资本失控，往往也意味着公司的失控。当一场合作始于贪婪，那么很可能结束于猜忌。

笔者在这里想说：引入资本需谨慎，不然无论是反戈一击，还是两败俱伤，都只能维护自己最后仅有的尊严。

第一节 一切始于强强联合

张俭和朱桥是多年好友，他们都是上海人。这二人一个生于20世纪70年代初，一个生于20世纪60年代末，随着改革开放而成长，沉浮于“魔都”上海。

时代赋予机遇，勇气带来财富。2004年，张、朱二人基于石油管材领域的技术和人脉，以张俭为主、朱桥为辅，共同成立了维卡勃公司，注册资本500万元，张俭出资400万元，朱桥出资100万元，经营期限15年，由张俭担任公司法定代表人。

时光荏苒，2004年至2014年期间，张、朱二人的业务可以说做得有声有色，

维卡勃公司成功在国内市场占据了一席之地，公司的资产也由几百万元增加到了几千万元。这十年间有酸有甜，有苦有泪，但是无论从何种意义上来评价，张、朱二人皆算是成功商人。

2014 年，张俭与朱桥已经到了奔五的年纪，维卡勃公司虽然经营得还不错，但是二人也深知公司已到了发展瓶颈阶段，如果没有大动作，公司目前的状态已经是极限。

两个中年男人不甘心这一生的成就止步于此，他们要更上一层楼，看看高处的风景。

周勇，本故事中的另一个主人公，与张、朱二人的发家史类似，他也是一名从事石油管材业务的商人。他比张、朱二人入行更早，实力更强。早在 1997 年，周勇名下就已经拥有多家公司，从事石油管材以及房地产开发。若说周勇是大鳄，张、朱二人只能是小鱼。

周勇有着比张、朱二人更雄厚的资本。2014 年，在周勇将他的商业势力向核心地区扩张的过程中，周勇认为张、朱二人的维卡勃公司是一个非常合适的注资主体，若能吞下维卡勃公司，周勇的商业帝国版图又扩大了。

另一方面，张、朱二人经过与周勇的接触，也对周勇的实力深感信服，毕竟能折服一个中年男人的也只能是另一个事业更强的中年男人了。

三人最终达成一致意见，周勇以西南石油公司名义注资维卡勃公司，成为大股东，周勇做法定代表人，张、朱二人仍然负责实际经营维卡勃公司，张俭做总经理。

2015 年 6 月 8 日，三人将合作的全部细节敲定，张俭、朱桥与西南石油公司签订了一份增资扩股协议，协议约定：维卡勃公司现注册资本为 500 万元，拟将公司注册资本增至 1 亿元，通过增资扩股的方式引入西南石油公司为投资人。

张、朱两人以维卡勃公司净资产中超过注册资本的部分转增为注册资本

4 400 万元。西南石油公司以迎宾大道 1 号会所房产作价 3 500 万元、高新区的土地使用权作价 1 600 万元，共计出资 5 100 万元对维卡勃公司进行增资。增资扩股后，维卡勃公司注册资本为 1 亿元，张俭占注册资本的 39.2%，朱桥占注册资本的 9.8%，西南石油公司占注册资本的 51%。维卡勃公司总经理由张俭、朱桥共同推荐，副总经理由总经理提名，经营期限不变仍为 2019 年 1 月 15 日到期。西南石油公司应于 2019 年 1 月 1 日前完成出资。

增资扩股协议签订后，维卡勃公司于 2015 年 6 月 9 日召开股东会，并形成一份决议，将增资事宜写入公司章程。

维卡勃公司股东会决议如下图所示。

维卡勃公司股东会决议

会议时间：2015 年 6 月 9 日

会议地点：维卡勃公司会议室会议性质：临时股东会议

出席会议人员：张俭、朱桥、周勇

根据《中华人民共和国公司法》及本公司章程，本次股东会由张俭召集并主持会议，经与会股东表决，通过以下决议：

1. 公司由于股东发生变动，原执行董事张俭、监事朱桥自然免职，选举周勇为执行董事，张俭为公司监事。

2. 公司注册资本由 500 万元增至 1 亿元，西南石油公司认缴 5 100 万元。

3. 公司增加注册资本后，股东出资额和持股比例如下：张俭认缴出资额 3 920 万元，出资比例 39.2%；朱桥认缴出资额 980 万元，出资比例 9.8%；西南石油公司认缴出资额 5 100 万元，出资比例 51%。

4. 公司章程规定，公司的营业期限为 15 年，从公司营业执照签发之日起计算。公司有下列情形之一的，可以解散：

（1）公司营业期限届满；

（2）股东会决定解散；

（3）因公司合并或者分立需要解散；

（4）依法被吊销营业执照、责令关闭或者被撤销；

（5）人民法院依照公司法的规定予以解散。公司营业期限届满时，可以通过修改公司章程而存续。公司章程另规定，公司经营管理发生严重困难，继续存续会使股东利益受到重大损失，通过其他途径不能解决的，持有公司全部股东表决权百分之十以上的服东，可以请求人民法院解散公司。股东会作出修改公司章程、增加或者减少注册资本的决议，以及公司合并、分立、解散或者变更公司形式的决议，必须经代表三分之二以上表决权的股东通过。

股东（签字或益章）：张俭

股东（签字或盖章）：朱桥

股东（签字或盖章）：西南石油公司

2015 年 6 月 9 日

上述文件形成后，维卡勃公司即向工商登记机关申请了工商登记变更。至此，张、朱、周三人完成了所谓的强强联合。

股权结构如下图所示。

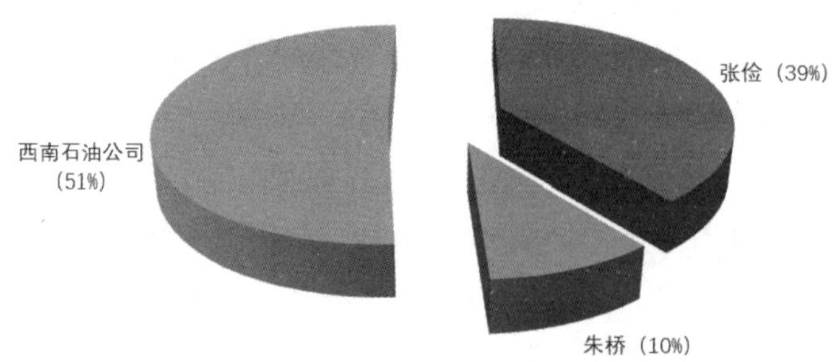

第二节　东西之争

2015 年，维卡勃公司开始经营，结构性矛盾开始显现。对于公司的发展战略及定位，张俭与周勇有着截然不同的看法。张俭视周勇为投资人，认为周勇只要按照约定投资，为公司带来新的业务就可以了，公司应该由他这个总经理掌控。

而周勇则将这次合作视为其扩大商业版图的一个过程，既然他控制的西南石油公司是大股东，他是执行董事，那么维卡勃公司自然应该控制在他手中。这样一来，矛盾不可避免被激化了，最突出的表现就是张、朱二人与周勇对股东会召开地点产生了争议。张俭与周勇在股东会的召开地点上也完全不能达成一致意见。张俭认为公司在上海，就在上海开会，周勇则认为成都是他的主场，他是大股东，就应该在成都开会。好好的一个公司搞起了东西之争，公司的经营又如何能有起色呢?

在两派股东的互相猜忌之下，维卡勃公司的发展很不顺利，张俭以房产、土地出资，却没有实际办理更名过户。周勇的西南石油公司认缴出资 5 100 万元，但是 2018 年 5 月也只实缴到位 600 万元。

2018 年，因为股东间的内耗，维卡勃公司的经营每况愈下。3 年间，周勇的西南石油公司认缴的资金大部分没有到账。为了扩大规模，西南石油公司准备向银行贷款，经过多次劝说，周勇终于成功地说服张、朱二人为西南石油公司的贷款提供担保。后西南石油公司向上海农村商业银行贷款 1 000 万元，由维卡勃公司以及张、朱二人提供担保。但周勇 3 年间却仅向维卡勃公司出资 600 万元，且在 2008 年周勇又利用执行董事的身份，将 600 万元出资款借出。

2018 年年中，西南石油公司尚拖欠维卡勃公司 420 余万元货款和 200 万元欠款，以致维卡勃公司资金周转困难，万般无奈之下，张俭要求周勇尽快归还西南石油公司欠款以解燃眉之急，周勇却说还款时限未到，拒绝归还。在此情况下，张俭以维卡勃公司总经理的身份，利用控制公章的条件，分别于2018年4月23日、5月23日两次以维卡勃公司名义起诉西南石油公司，要求西南石油公司还钱。张俭的目的实际上是给周勇施加压力，但周勇可不是这样看，他只觉得张俭的行为很幼稚。

咨询律师后，在上述两个案件审理的同一时间段，周勇以维卡勃公司执行董事的身份在成都召集了股东会，会议时间为2018年6月8日，股东会议题为审议撤回上述两个案件。

张俭、朱桥收到上述股东会通知后觉得周勇很过分，张、朱二人在电话中与周勇大吵了一架，一气之下拒绝参加上述股东会。因为他们二人知道按照公司章程即便二人参会也无法阻止股东会通过决议。

最终，股东会正常召开，并形成决议，撤回维卡勃公司对西南石油公司提起的两个诉讼。事后，周勇以上述股东会决议为依据向法院申请撤回上述两案。

撤回起诉后，周勇一不做二不休，既然已经撕破脸了，那就干脆把张俭和朱桥踢出维卡勃公司的管理层。周勇于2018年6月19日作出执行董事决定，免除张俭公司总经理职务和朱桥公司副总经理职务，并另聘请周勇的侄子周亚洲担任公司总经理。

将以上决议告知张、朱二人后，周勇立即要求二人交出维卡勃公司印章及财务资料。张俭、朱桥当然是严词拒绝，但是无奈当初签订的增资扩股协议约定总经理由张俭提名，但是并没有将这条约定写进公司章程。增资扩股协议中对此又没有约定违约条款，此时张、朱二人只在心里叫苦连天。

2018年7月5日，周勇乘胜追击，为了夺回对公司印章及其他管理资料的控制权，周勇以维卡勃公司名义对张俭、朱桥提起诉讼，要求张俭返还维卡勃公司的公章、营业执照正副本、会计凭证及财务账册、财务章、公司土地证及房产证、ISO管理体系证书、API证书等资质证书，并要求朱桥返还公司合同章。

面对周勇以维卡勃公司名义提起的诉讼，张、朱二人一方面认可公章、合同章在二人手中，另一方面表示不同意返还，且表示周勇作为公司大股东和法定代表人，对公司没有任何贡献，公司的出资都是张、朱二人完成的，周勇想通过诉讼侵吞公司。

经审理，法院认为一般情况下，为方便公司经营，公司的公章、合同章由公司的法定代表人或公司授权的其他相关人员保管。现张、朱二人并非公司法定代表人，且2018年6月19日作出的两份执行董事决定已解聘二人职务并要求移交公章及合同章，二人理应返还。

最终法院判决，张俭、朱桥归还维卡勃公司公章及合同章。

张、朱二人在公司证照返还一案中败诉，二人心中非常憋屈，觉得明明都是自己出的钱，最终却被周勇来了一手“空手套白狼”的手段。二人绝对不会坐以待毙，马上提起了上诉，理由是周勇严重侵害维卡勃公司利益且未实缴出资，要求改判。遗憾的是二审法院并没有支持二人的请求。

二审法院认为：法定代表人有权代表公司从事民事活动，周勇作为维卡勃公司法定代表人，当然有权以维卡勃公司名义提起诉讼。公司印章在一定程度代表公司意志，通常由公司授权专人掌管和占有，此人一旦被解除授权，则应当归还公司印章，否则将妨害公司的正常经营活动。张俭、朱桥已被解除相应职务，其无权再掌管和占有公司印章，法院判令二人返还完全正确。

张俭、朱桥认为，公司就是我们最初创建的，解除我们的职务是违法行为，但法院认为，公司章程明确约定执行董事有权决定解聘公司经理，而周勇作为维卡勃公司执行董事作出解聘张俭、朱桥的决定符合公司章程，二人认为违法，却未采取维权途径。张俭、朱桥认为周勇并没有出钱，对公司发展不利，损害公司利益，法院认为这些都不是理由，应返还公司印章。

公司证照返还案彻底败诉，对于张俭来说是个致命的打击，因为这个判决不仅仅关乎公章的归属，实际上对于周勇作出的执行董事决定乃至于公司控制权的变更均作出了肯定性的判断。这个案子败诉在某种程度上也意味着张俭很难通过增资扩股协议争夺维卡勃公司的控制权了。

第三节 放手一搏，敌对的股东

张俭与朱桥虽然输了抢公章的官司，但是二人依然有备用计划。这个备用计划就是解散公司，二人的目的一方面是“我得不到的你也休想得到”，另一方面公司解散清算财产对于张、朱二人比较有利。

早在公司证照纠纷之诉还在进行之时，张俭、朱桥就以维卡勃公司为被告，以西南石油公司为第三人提起了公司解散之诉，要求解散维卡勃公司。

张俭与朱桥的诉状中写道：“维卡勃公司的大股东西南石油公司及其委派的执行董事周勇违反股东约定及相关法律规定，造成维卡勃公司经营管理发生严重困难，如果继续存续会使股东利益受到重大损失，故提起诉讼，要求解散维卡勃公司。”

维卡勃公司内部管理发生严重困难主要表现为：股东会无法正常召开，近两年未形成有效的股东会决议。西南石油公司作为维卡勃公司的大股东，每次召开股东会均要求在成都召开。维卡勃公司住所地位于上海，在成都召开股东会并无法律依据，且会增加公司运营成本，故提出反对，但法定代表人周勇均置之不理，导致维卡勃公司股东会无法正常召开并形成有效决议。根据张、朱两人与西南石油公司签订的增资扩股协议，维卡勃公司总经理应由张俭、朱桥共同推荐，副总经理由总经理提名。但在 2018 年 6 月 19 日，法定代表人周勇捏造事实解聘了张俭的总经理职务和朱桥的副总经理职务，剥夺了张、朱二人的经营管理权。另外，西南石油公司在维卡勃公司资金困难的情况下，拒不归还拖欠维卡勃公司的 420 多万元的货款和 200 万元的欠款。为此，维卡勃公司不得不提起诉讼。但法定代表人周勇滥用职权，单方面以法定代表人身份向法院申请撤回了上述两个案件；根据朱、张二人与西南石油公司签订的增资扩股协议约定，朱、张二人追加认缴注册资本 4 400 万元，并以维卡勃公司的资产转增资本。西南石油公司以房产及土地出资。西南石油公司入股后，虽然朱、张二人未办理转增资的手续，但合作开始后已将投入的资产全部用于维卡勃公司的经营，而西南石油公司直至 2018 年 5 月仍未履行增资手续。事后，朱、张二人发现，西南石油公司承诺用于出资的房产并非西南石油公司所有。另外，维卡勃公司的经营期限亦将于 2019 年 1 月 15 日到期。签订增资扩股协议以来，大股东即西南石油公司不出资、不归还欠款也不拓展新业务，却剥夺了朱、张二人的经营权。朱、张二人与西南石油公司之间的矛盾已经激化，故提起诉讼，要求解散维卡勃公司。

2018 年 7 月，周勇接到解散公司的起诉状后有些意外，他没有想到张、朱二人有这个魄力。但是周勇不愧是商海浮沉多年的老将，在与律师磋商后，想出了一招釜底抽薪之策。

既然张、朱二人以股东的身份要求解散公司，那么只要二人不是股东就解决问题了。只有彻底剥夺张、朱二人的股东身份才能把这场争端彻底了结。

于是周勇这边一方面指使周亚洲签发放假、涨薪的通知并宣发于维卡勃公司之内， 扰乱军心。另一方面于 2018 年 12 月 25 日通知张俭、朱桥，告知二人于 2019 年 1 月 10 日在成都召开临时股东会，会议议题为解除张、朱二人的股东资格。无论张、朱二人是否参会，周勇均有把握通过决议将二人的股东资格解除。

张俭接到通知后愤怒异常，先前周亚洲在维卡勃公司乱来的行为已经让他忍无可忍，现在居然还想解除他的股东资格。于是张俭作出了一个决定：周勇要开股东会，那我就在同一天也开股东会，就是要和周勇唱一出对台戏。

2019 年 1 月 7 日，张俭及朱桥向周勇发出一封关于 2018 年 12 月 25 日临时股东会通知的异议函暨关于 2019 年 1 月 10 日之前召开临时股东会的提议函，明确表示不同意周勇提出的开会地点及审议的议题，并要求周勇在 2019 年 1

月 10 日前在维卡勃公司办公室召开临时股东会。

关于 2018 年 12 月 25 日临时股东会通知的异议函暨关于 2019 年 1 月 15 日之前召开临时股东会的提议函如下图所示。

关于 2018 年 12 月 25 日临时股东会通知的异议函暨关于
2019 年 1 月 10 日之前召开临时股东会的提议函

周勇：

关于你提议于 2018 年 12 月 25 日召开临时股东会，我二人明确表示不同意此次股东会的开会地点及审议的议题。现我二人提议于 2019 年 1 月 10 日前在维卡勃公司办公室召开临时股东会，审议议题如下：

1. 对未出资股东除名；
2. 公司解散所涉的员工安置补偿、债权债务等问题；
3. 执行董事不作为及履职不当的责任追究事宜。

张俭（签字）
朱桥（签字）
2019 年 1 月 7 日

于是一场精彩的书函攻防战开始了。

2019 年 1 月 8 日，周勇向张、朱二人回函，再次告知他二人参加于 2019 年 1 月 10 日 10 时在成都召开的临时股东会，并告知二人提议于 2019 年 1 月 10 日前召开临时股东会的事不符合公司章程关于提前 15 日通知股东的规定，但会考虑二人提议召开的临时股东会。

关于召开临时股东会通知函暨关于 2019 年 1 月 10 日召开临时股东会的异议函如下图所示。

关于召开临时股东会通知函暨关于2019年1月10日召开临时股东会的异议函

张俭、朱桥：

现通知你二人参加于2019年1月10日10时在成都召开的临时股东会。同时，关于你二人提议的于2019年1月10日前召开临时股东会，并不符合公司章程关于提前15日通知股东的规定，但我会考虑二人提议召开的临时股东会。

周勇（签字）

2019年1月8日

2019年1月8日，张、朱二人向周勇复函，决定于2019年1月10日下午5时在维卡勃公司办公室召开临时股东会。

关于2019年1月10日召开临时股东会通知函如下图所示。

关于2019年1月10日召开临时股东会通知函

周勇：

鉴于你在维卡勃公司即将召开股东会的情况下拒绝我二人提出的审议其他重大事项的提议，现我二人决定于2019年1月10日下午5时在维卡勃公司办公室召开临时股东会，就之前异议函中提出的三个事项进行审议，以此向你通知传达。

张俭（签字）

朱桥（签字）

2019年1月8日

2019年1月10日10时，周勇召集并主持在成都的临时股东会，作出解除张、朱二人股东资格的决议。

2019年1月10日下午5时，张、朱二人召集并主持在上海的临时股东会，并作出决议，解除西南石油公司的股东资格。张、朱二人作出上述股东会决议后，向周勇邮寄了维卡勃公司股东会决议。

维卡勃公司股东会决议如下图所示。

维卡勃公司股东会决议

会议时间：2019年1月10日

会议地点：维卡勃公司办公室

会议性质：临时股东会议

出席会议人员：张俭、朱桥

根据《中华人民共和国公司法》及本公司章程，本次股东会由张俭召集并主持会议，经与会股东表决，通过以下决议：

1. 同意对未出资大股东西南石油公司除名；

2. 因执行董事拒不履职而暂时无法对公司解散所涉的员工安置补偿、债权债务等问题进行审计，待时机成熟后再另行召开股东会审议；

3. 同意对执行董事周勇侵害公司利益和股东利益的行为聘请律师进行法律追责。

股东（签字或盖章）：张俭

股东（签字或盖章）：朱桥

2019年1月10日

2019年1月14日，周勇收到了朱桥邮寄的维卡勃公司临时股东会决议。张俭、朱桥通过召开股东会，虽然不能直接解除西南石油公司的股东资格，但是破解了周勇的釜底抽薪之策，等到了公司解散之诉的开庭以及判决。

在公司解散之诉的庭审中，针对张、朱二人的诉请，维卡勃公司表示不同意解散公司。

西南石油公司则称根据增资扩股协议约定，西南石油公司应于 2019 年 1 月 1 日前完成出资。西南石油公司已于 2018 年 5 月以现金方式向维卡勃公司出资 600 万元。

经过漫长的法庭调查，张俭、朱桥收到了法院的判决，他们赢了。

法院认为，公司章程规定的营业期限届满，而公司股东会又无法通过修改公司章程使得公司继续存续的，公司即可解散。

本案中，维卡勃公司经营期限已于 2019 年 1 月 15 日到期。朱、张二人作为持股 49% 的股东均反对延长公司经营期限。虽然维卡勃公司法定代表人召集了股东会，解除两位股东的股东资格，但是该决议无效。同理，延长维卡勃公司经营期限的股东决议无效。维卡勃公司应予解散。另外，自 2018 年上半年开始，三位股东之间即发生冲突矛盾，相互之间争夺公司经营管理权；法定代表人周勇近期所提议召开的会议地点均在西南石油公司所在地，而朱、张二人反对之下亦拒绝参与；因双方签订的增资扩股协议，股东之间引发的纠纷迟迟未能解决；因维卡勃公司拖欠员工工资，经法院强制执行，仍未能执行到位。

综上，法院认为，维卡勃公司经营期限已经届满，股东之间矛盾激化，已无法通过股东会决议延长公司经营期限，故判决解散维卡勃公司。

周勇对这个判决不满意，提起了上诉，但在上诉的过程中他撤诉了。笔者不知道他撤诉的原因，也许是感觉继续下去毫无意义，也许是因为维卡勃公司的银行贷款，也许是单纯的累了。

笔者不禁感叹，创业者、投资人、打工仔，无论从哪个角度评价，维卡勃公司的解散都不是一个好的结局——“好一似食尽鸟投林，落了片白茫茫大地真干净！”。

[寄语]

年过半百的朱、张二人迎来人生的浩劫，面对浩劫又采取了不理智的行为，最终以悲剧收场。

兔子急了还咬人，更何况人呢，这个故事发生的事件能不能防患于未然呢？当然可以，增资扩股协议若经过专业律师把关，就能避免这场悲剧，就能免于解散的恶果。

公司解散之后，紧接着便是公司清算，清算之时似乎还要经历一场官司，最终还是要以出资比例分配剩余财产的，除非另有约定。

我最想评价一下故事中的周勇，凭借好心计、好脑子、好手段，演一出好戏，最终还是鸡飞蛋打。人生一世，多做些积极向上的事情，总能做到惬意，宁静之欢喜，与诸君共勉。

[判决文号]

（1）上海市第二中级人民法院（2020）沪02民终169号民事裁定。

（2）上海市嘉定区人民法院（2019）沪0114民初16429号2019-10-31民事判决。

（3）上海市第二中级人民法院（2020）沪02民终1059号民事判决。

（4）上海市第二中级人民法院（2019）沪02民终824号民事判决。

（5）上海市嘉定区人民法院（2019）沪0114民初11941号民事判决。

（6）上海市高级人民法院（2019）沪民申1011号2019-10-31民事裁定。

（7）上海市第二中级人民法院（2019）沪02民终824号2019-02-20判决。

（8）上海市嘉定区人民法院（2018）沪0114民初11959号2018-11-30判决。

第六战

假作真时真亦假

现代社会，商业是最具挑战性的事业。商业领域的竞争，同样波谲云诡，计谋尽出。欲在市场上立于不败之地，从众多企业的竞争中脱颖而出，商人除了必备的核心技术外，分清敌友定是关键，谁是企业家值得信赖的盟友极其重要，也即谁能和企业家一起坚定地走下去，历经风雨，不离不弃，共享成功。本书提供了大量启发性的思考和案例，开卷有益，诚不欺也。

九立优投资管理（上海）有限公司董事长

徐立群

读者朋友们，在社会生活中，很少有公司大张旗鼓地进行分红，其中的原因各个公司讳莫如深。

可世事难料，追逐利益的行为有时会带来难以预料的损失，求稳在绝大多数情况下亦不失为一个好的选择。

宿迁港，亦称“运河宿迁港”，位于江苏省宿迁市境内，是京杭大运河中上游最直接、最快捷的出海口，也是我国连接全球的江海河转运综合枢纽。

笔者要讲述的就是一则发生在江苏省宿迁市三名沭阳县土生土长的“80后”青年，伴随着港区成长，勇于创业的故事。

第一节 合作的开端

2010年的春天，26岁的邱桂茹在一次同学聚会上又见到了同学陈质朴，多年未见，大家的变化却不大。酒后闲聊，邱桂茹发觉大家目前的境遇颇有相似之处。但是年轻人总是不甘于平庸，总是怀揣着创业的梦想。

作为伴随着港口长大的青年，二人很自然地想到了货运代理生意。2008年北京奥运会后我国进出口业务增长，宿迁港发展迅速，二人的亲朋好友里从事港口相关工作的也非常多。二人觉得此时天时地利人和俱全，创业经营货代生意一定可以成功。

聚会后陈质朴将他想要创业做货代生意的想法告诉了他的好友杨富保，杨富保对此也产生了极大的兴趣，并且表示他的人脉可为货代生意提供帮助。

于是陈质朴拉着邱桂茹与杨富保一起商议，三人相谈甚欢，都觉得三人合伙创业有奔头。

口说无凭，2010 年 6 月 15 日，邱桂茹与陈质朴、杨富保三人签订了一份共同投资合作协议书，该协议书约定，经全体合伙人协商一致，设立一个合伙企业，命名为智通公司，经营范围为承办海运、陆运、空运进出口货物的国际货物运输代理。合伙人为陈质朴、邱桂茹、杨富保。合伙人的前期出资总额为 10 万元，其中陈质朴出资 5 万元，占出资总额 50%，邱桂茹出资 2.5 万元，占出资总额 25%，杨富保出资 2.5 万元，占出资总额 25%。各合伙人应于 2010 年 9 月 30 日前将上述出资额存入指定的银行账户。

协议签订后，陈质朴与邱桂茹就忙起了注册公司的事。在注册公司的过程中，有朋友和邱桂茹提及合伙企业风险大，一旦买卖赔钱了，合伙人要对企业债务承担责任，而且听说还是连带责任，就是企业倒闭了合伙人依然要还钱。邱桂茹上网一查，发现还真是如此，那不如办有限责任公司。于是邱桂茹、陈质朴和杨富保商量了一下，改为注册有限公司。

可 10 万元注册资本的有限公司未免太小儿科了，让人缺乏信任感。这时陈质朴提出一个建议，走资金过桥，他认识的人多，有渠道，费用也不高。邱桂茹与杨富保考虑了一下，欣然同意。

2010 年 7 月 13 日，三人的公司成立了，公司名为智通公司，注册资本 500 万元。登记股东为陈质朴、邱桂茹、杨富保，登记持股比例分别为 50% 、25%、25%，陈质朴是大股东，实际控制公司运营。公司的营业期限为 10 年。并约定每位股东于 2010 年 7 月 13 日先缴纳自身出资额度的 1/5，其余 4/5 于 2012 年 12 月 24 日前全部缴清。成立当日，陈质朴经手采用过桥资金的方式以陈质朴、邱桂茹、杨富保的名义向智通公司分别出资50万元、25万元、25万元，之后便将资金抽离。

智通公司股权结构如下图所示。

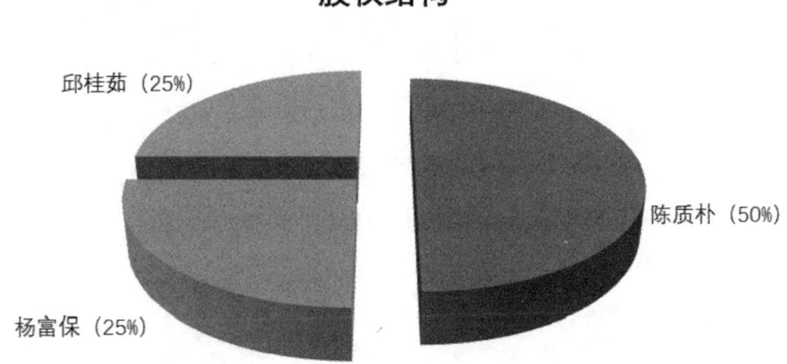

第二节　分红的苦恼，假作真时真亦假

2020年，智通公司经营即将满10年了，按照公司章程，经营期限即将届满。这10年间，陈质朴、邱桂茹、杨富保三人均用智通公司赚到了钱，当年单纯的年轻人如今变成现实的中年人。既然是现实的中年人，就有一个现实的问题要面对，那就是分红的问题。

这10年间智通公司赚了不少钱，一直没有正式的分配过红利，对此邱桂茹是不甚满意的。但是“个人股东按照应得红利的20%缴纳个人所得税”就像拦路虎，辛辛苦苦风里来雨里去赚来的银子，一下子少了20%，确实不甘心！可如今公司经营期限即将届满，再不分红也确实说不过去了。

这时陈质朴自作聪明地想出了一个办法，既然分红要缴税，那么借钱总不用吧。于是陈质朴找到邱桂茹和杨富保商量了一下以借款代分红的方案。邱、杨二人也不是很懂，尤其是邱桂茹，她觉得陈、杨二人关系好，自己身为小股东，有钱拿就不错了，哪管得了那么多。至于税法所规定的股东借款超过时限也要按分红缴税的问题，他们三人是不知道的。无知的人总是“幸福”的。

于是在2020年1月中旬，智通公司以借款的形式完成了分红。

2020年1月14日，邱桂茹向智通公司打了一张借条，分红24万元。

借条内容如下图所示。

借条

今借到智通公司人民币240 000元整（人民币大写：贰拾肆万元整）。

借款人：邱桂茹

借款日期：2020年1月14日

陈质朴与杨富宝也都打了类似的借条。同日，陈质朴的媳妇向邱桂茹转账240 000元，邱桂茹收到了她的分红。

2020年3月4日，陈质朴自认为分红已经满足了邱桂茹的胃口，于是召集了临时股东会，会议议题为公司营业期限由10年变更为长期。

陈质朴、杨富保当即表示同意该项决议，邱桂茹却投了反对票，原来这些年来邱桂茹觉得自己在公司仅仅是小股东，没有什么发言权，10年才分了一次红利，要是公司经营期限变为长期，下次分红不知道要何年何月呢，不如把公司清算注销，还能再分点资产。

陈质朴没有想到邱桂茹居然有这样的想法，但是该项决议还是通过了，毕竟陈、杨二人的股权比例已经超过了三分之二。

股东会后，公司章程中经营期限变更为长期。眼见自己的意见不被采纳，邱桂茹郁闷地离开了智通公司，并通知陈质朴自己打算要求智通公司回购自己的股份。

面对邱桂茹的回购要求，陈质朴觉得邱桂茹太不识好歹了，明明已经给她分红了，怎么还要回购。目前新冠疫情形势严峻，邱桂茹这是要逼死智通公司啊。你不仁别怪我不义，陈质朴盘算再三，想出了一条计策。

第三节　回购引纷争

为了阻止邱桂茹的回购要求，2020 年 5 月 23 日，陈质朴召集邱桂茹、杨富保召开股东会，打算以抽逃全部出资为由解除邱桂茹的股东资格。股东会上，邱桂茹未出席，股东会通过决议认定邱桂茹抽逃注册资金，抽逃注册资金 125 万元人民币，要求补缴出资款，否则解除邱桂茹的股东资格。

智通公司股东会决议如下图所示。

智通公司股东会决议

会议时间：2020 年 5 月 23 日

会议地点：智通公司会议室

会议性质：临时股东会议

出席会议人员：陈质朴、杨富保

根据《中华人民共和国公司法》及本公司章程，本次股东会由陈质朴召集并主持会议，经与会股东表决，通过以下决议：

邱桂茹抽逃注册资金 125 万元人民币，没有尽到真实出资义务现要求邱桂茹在三日内即 2020 年 5 月 26 日前补缴出资款 125 万元否则解除邱桂茹的股东资格。

股东（签字或盖章）：陈质朴

股东（签字或盖章）：杨富保

2020 年 5 月 23 日

2020年5月27日，陈质朴、杨富保向邱桂茹发出通知，要求邱桂茹在三日内向股东会出示足额缴纳出资的凭证及资金来源的证明，否则就当作邱桂茹认可其未履行股东出资义务。

关于要求邱桂茹向公司出示足额缴纳出资证明的函如下图所示。

关于要求邱桂茹向公司出示足额缴纳出资证明的函

邱桂茹：

现要求你在收到通知后三日内向股东会出示足额缴纳出资的凭证及资金来源的证明，否则视为你已认可未履行股东出资义务。

陈质朴（签字）

杨富保（签字）

2020年5月27日

同时，2020年6月1日，陈质朴以智通公司为原告，在法院起诉了邱桂茹，要求邱桂茹偿还借款240 000元，并从起诉之日起按年息6%计算利息。

接到起诉状后，邱桂茹很是惊诧，他没想到陈质朴居然翻脸，后悔当初不该为了节税搞什么借款，如今给了陈质朴可乘之机。于是赶紧找律师准备应诉。

庭审中，智通公司声称邱桂茹于2020年1月14日从公司借款240 000元，经催要拒不归还。

邱桂茹的代理人在庭审中则对智通公司的要求予以驳斥，并表达了以下观点。

（1）借款合同是一个实践合同，但邱桂茹并未收到智通公司支付的借款，邱桂茹所收到的款项是陈质朴的媳妇杨某支付的2019年度的公司分红。

（2）邱桂茹与智通公司之间根本不存在借款关系，智通公司3位股东的借款均是发生于2020年1月初，也正是对2019年度的公司利润进行分配的一个时间节点。

邱桂茹的辩驳虽然是事实，但是她还是输了官司。

法院在查实后认为，邱桂茹与智通公司之间形成的民间借贷关系合法有效。邱桂茹向智通公司借款 240 000 元，事实清楚，证据确实充分，法院依法予以认定，判决邱桂茹归还智通公司借款 240 000 元。

邱桂茹表示不服，提起上诉，但是基于确实有借条这样的确凿证据，二审维持了原判。

面对陈质朴的步步紧逼，邱桂茹与他的律师朋友磋商了很久。2020 年 6 月 3 日，被下了最后通牒的邱桂茹也向法院提起诉讼，要求智通公司回购邱桂茹在智通公司的股份。

但由于长期无法了解到公司的真实财务信息，加之要求公司回购股份需要知晓真实经营财务状况，所以邱桂茹委托律师向智通公司发送了一封律师函，要求智通公司在收到函件后三日内，将 2010 年 7 月 13 日至 2020 年 6 月 3 日的账务报告、会计账簿、合同文本、税收凭证、债权债务凭证等公司经营管理相关的文件交由邱桂茹查阅。

2020 年 6 月 4 日，陈质朴、杨富保收到律师函，拒绝提供会计账簿，二人认为邱桂茹离开公司后带走了公司客户资料，利用原客户关系在外继续从事与智通公司相同的业务，显然具有不正当目的。当日便向邱桂茹发出解除股东资格的通知，告知已被解除股东资格。

关于邱桂茹已被解除股东资格的通知如下图所示。

关于邱桂茹已被解除股东资格的通知

邱桂茹：

现正式通知你，2020 年 5 月 23 日股东会决议已经生效，你在智通公司的股东资格已经被解除。

智通公司

2020 年 6 月 4 日

邱桂茹财务资料查阅索要未果， 还被告知解除了股东资格。2020 年 6 月 15 日，邱桂茹向法院提起诉讼，要求行使股东知情权查账，要求智通公司提供完整、真实的会计账簿、会计凭证供邱桂茹和会计师、律师查阅。

面对邱桂茹的查账要求，智通公司辩驳称邱桂茹已被解除股东资格。法官听取了智通公司的辩解后，直接向邱桂茹询问。邱桂茹当即表示要起诉确认股东会决议无效。

这下案子由一个变两个了，法官都不用换。很显然，股东会决议的效力直接决定是否有权查阅账目。

在确认股东会决议案的庭审中，邱桂茹声称未按法定股东会召集程序召集股东，股东会决议与事实不符，内容违反法律规定，理应无效。

智通公司、陈质朴、杨富保则对邱桂茹的要求予以辩驳，决议已经给予邱桂茹合理的补缴出资时间，邱桂茹未在合理期间内补缴出资，公司股东会解除邱桂茹股东资格合法有效。

法院在审理后认为有限责任公司的基础在于股东的出资，基本性质属于资合性，但从它的产生和特性上看，又具有一定的人合性特征。法律设置股东除名权的目的在于通过剥夺股东资格，惩罚不诚信股东，维护公司和其他股东的权利。

本案中，智通公司的股东都没有按公司章程约定出资，陈质朴和杨富保都没有实缴出资，作为违约方，无权以召开股东会的形式解除邱桂茹的股东资格，除名决议的启动主体不合法，案件涉及的股东会决议无效。

2020 年 9 月 8 日，法院判决智通公司的股东会决议无效。

同一天，行使股东知情权查账的案子也有了结果，既然解除股东资格的股东会决议被确认无效，那么股东知情权之诉的结果也就不难猜想了。

法院认为，股东可以要求查阅公司会计账簿。股东要求查阅公司会计账簿的，应当向公司提出书面请求，说明目的。邱桂茹是智通公司的股东，其有权要求查阅公司会计账簿及相关原始凭证。

因此法院判决智通公司必须提供会计账簿及相关原始凭证供邱桂茹及其委托的会计师、律师查阅。

同一天，同一名法官的两份判决，均是邱桂茹胜诉，她的心情可想而知，但是战斗远没有结束。事后陈质朴提起了上诉。

二审法院认为，在三名股东均全部抽逃出资的情况下，陈质朴和杨富保通过召开股东会并形成决议解除邱桂茹的股东资格，有违诚实信用原则。

两份维持原判的判决书不仅保障了邱桂茹查账的权利，更重要的是保护了邱桂茹行使股东回购权的可能性。

依据《中华人民共和国公司法》规定，公司章程规定的营业期限届满，股东会会议通过决议修改章程使公司存续的。对股东会该项决议投反对票的股东可以请求公司按照合理的价格回购股权。邱桂茹投了反对票，反对延长公司经营期限，有权要求公司回购股份。

现在陈质朴开除邱桂茹的算盘打不响了，股份回购的案子正在进行中，邱桂茹欠智通公司的 24 万元“借款”也进入了执行程序。双方手中各有王牌，战争还将继续，大家拭目以待。

[寄语]

为了规避分红纳税，邱桂茹、陈质朴、杨富保想出以向公司借款形式分红的办法。但在纠纷发生时，根据现有事实和证据却无法说明借条是当事人之间的虚假表示，故法院认定款项性质为借款。但根据相关税收法律规定，纳税年度内个人投资者从其投资企业（个人独资企业、合伙企业除外）借款，在该纳税年度终了后既不归还，又未用于企业生产经营的，其未归还的借款可视为企业对个人投资者的红利分配，依照“利息、股息、红利所得”项目计征个人所得税。因此，尽管三人采取了“特别手段”，但该笔费用仍属于公司的股东红利，应当缴纳个人所得税。

在三名股东均全部抽逃出资的情况下，如果陈质朴、杨富保可以召开股东会解除邱桂茹的股东资格， 那么，陈质朴、杨富保也可能因抽逃全部出资被邱桂茹解除股东资格。在极端状态下可能造成智通公司全部股东被解除股东资格，智通公司全部注册资金被抽逃且无法追回的局面，这显然违反了法律规定的立法原意。

从本案的争议焦点中，我们可以看到，企业在经营过程中，应当合规经营，在法律规定的范围内，合理合法避税，并在法律及公司章程规定的期限内履行出资义务，合法行使股东权利，只有这样企业才能不断做大做强。

这个故事让我想到《论语》中的一句话“子曰：如有周公之才之美，使骄且吝，其余不足观也已！”正常的税费都不想交，如此吝啬，即使有周公之才，也难成大器。奉劝诸公，走正路，行大道，方可致远。

[判决文号]

（1）江苏省宿迁市中级人民法院（2020）苏 13 民终 3690 号民事判决。

（2）江苏省宿迁市中级人民法院（2020）苏 13 民终 3741 号民事判决。

（3）江苏省宿迁市中级人民法院（2020）苏 13 民终 4222 号民事判决。

第七战

斩尽杀绝

商场如战场，虽然中国企业家有仁、义、礼、智、信的文化传统，但也必须考虑人性中的阴暗面。在商场浮沉中参与竞逐的，既有富商巨贾，也有贩夫走卒，三教九流，雅俗共存；人们思考的角度各异，所持立场不同，结果也大相径庭。但企业家在追逐利益的同时，应始终对法律怀持敬畏之心，既要防范他人的贪与恶，也要抑制自己的欲与念。本书用丰富鲜活的案例来阐释商战中法律的价值和运用，值得企业家们阅读和思考。

天津市佳诺天成科技有限公司董事长

吴书昌

读者朋友们，你现在是否能回想起自己的第一桶金，又或者从来就没有第一桶金。生命中的一切都被上天标好了价格，只看你我芸芸众生能否承受，失与得，爱与恨，难以捉摸。

第一节 命运的馈赠

2001 年 2 月 13 日，新疆骏泰公司在“油海上的煤城”乌鲁木齐成立了。该公司成立后顺风顺水，业务扩展迅速。

2003 年 1 月，新疆骏泰公司在山东省日照市设立了全资子公司日照骏泰公司。为了规避一人公司的种种弊端，总公司就安排了几个当地员工代持股份，形成了新疆骏泰公司与几个自然人共同持股的股权结构。在工商部门登记的股东为新疆骏泰公司，出资 510 万元，持股 51%；杨习庆出资 119.65 万元，持股 11.965%；闫成平出资 119.65 万元，持股 11.965%；吴有贤出资 100 万元，持股 10%；尹吉庆出资 150.7 万元，持股 15.07%。

新疆骏泰公司的股权结构如下图所示。

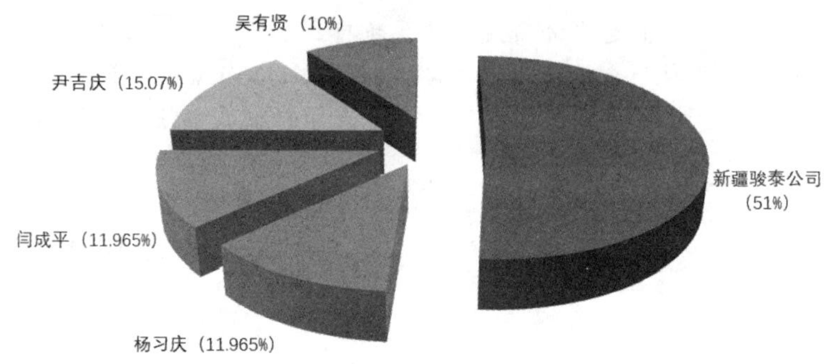

本案的故事就发生在日照骏泰公司。故事的主人翁是上述自然人股东之一，日照骏泰公司总经理尹吉庆。对于尹吉庆来说，今后的命运是幸运还是悲伤，令人难以置评，留与诸君共评说。

尹吉庆是个身材匀称，相貌堂堂的山东汉子，性格却颇有几分细腻，第一次见面，总能给人留下好印象。

尹吉庆在日照骏泰公司工作期间，因为业务上的原因，结识了日照一家银行的行长王筱艺，且颇得她的赏识和帮助，王筱艺是一位大龄未婚女青年，且性格颇为强势，大气果敢，杀伐决断。

生长于平凡人家的尹吉庆，与王筱艺谈起了男女朋友。与王筱艺交往后，尹吉庆才知道王筱艺不但智商高，能力强，家世也颇为不凡。

2003 年，因为业务收缩的原因，新疆骏泰公司有意将日照骏泰公司出售，尹吉庆将此消息告诉了王筱艺。本来只是聊聊，不承想王筱艺听后，决定“买下日照骏泰公司”。

对这个决定尹吉庆只当是女朋友在开玩笑，日照骏泰公司虽然目前效益一般，但是有房产有地皮，且价格不菲，没个千八百万是不可能的，但是王筱艺却是认真的。

原来王筱艺心中早有盘算，她虽然喜欢尹吉庆，但是以尹吉庆目前确实不是一个心仪的结婚对象，这次日照骏泰公司的出售对于尹吉庆正是一个难得的机会。至于资金的问题，王筱艺自有办法解决。

王筱艺与尹吉庆合作，将日照骏泰公司的资产抵押给银行，贷出资金支付给其他股东，让其他股东出让股权。简单地说就是“用日照骏泰公司的资产买下日照骏泰公司”，此法颇得资本运作之妙。

听到王筱艺的方案后，尹吉庆愣了一下，暗自琢磨：“这个方案的难点其实在于能超额贷出款来，如果这个难点能够解决，这个方案绝对可以一试。同时，这个方案也是王筱艺对于我的考验，成功了才有后续结婚的可能。”

王筱艺明言，她不便出面，这个事情只能由尹吉庆去操作，事成之前她不会露面。

事成就是一步登天，失败也无非是回到从前，尹吉庆感觉他输得起，就同意了王筱艺的方案，此时他的心中只有一个念头，那就是“富贵险中求，人生能有几回搏”。

在巨大的压力与刺激下，尹吉庆的工作效率提升了百倍。很快他就说服了新疆骏泰公司的领导，同意了他的方案。毕竟只要他能把钱贷出来，新疆骏泰公司的领导不会在意钱是从哪来的。对于尹吉庆与王筱艺的关系，大家都心知肚明。

2003 年 10 月，尹吉庆就与新疆骏泰公司的领导达成了一致意见。新疆骏泰公司全权委托闫成平办理日照骏泰公司转让事宜，这个闫成平不仅是曲阜分公司的负责人，还是日照骏泰公司的法定代表人，深得总公司重用。

2003 年 10 月 15 日，在日照骏泰公司的会议室，闫成平代表新疆骏泰曲阜分公司（甲方）与王筱艺（乙方）签订了一份协议书。

协议书如下图所示。

协议书

甲方：新疆骏泰曲阜分公司

住所地：XXXXXXXX

法定代表人：XXX

乙方：王筱艺

住址：XXXXXXXX

身份证号：XXXXXXXX

甲、乙双方依照相关法律、法规的规定，经友好协商，就日照骏泰公司转让事宜达成一致，特签订本合同，以使各方遵照执行。

第一条 甲方将泰山路 89 号房产、地产和日照骏泰房地产开发有限公司，以 1 000 万元的价格一并转让给乙方。

第二条 乙方于 2003 年 10 月 22 日前一次性交付 1 000 万元。

第三条 乙方承诺，乙方在开发该地块时，无偿赠送给甲方两套住房。

……

……

……

甲方（签字或盖章）：闫成平　　乙方（签字或盖章）：王筱艺

2003 年 10 月 15 日　　2003 年 10 月 15 日

甲方由法定代表人闫成平签字，乙方王筱艺的签名是尹吉庆代签的。王筱艺如此谨慎，绝不会在此刻介入交易。

协议签订后不到 10 天，日照骏泰公司的贷款就批了下来。当天，基于之前的协议，日照骏泰公司的财务人员将银行贷款 940 万元汇入泗水骏泰公司。当日，闫成平出具收条。

收条如下图所示。

收条

今收到王筱艺交付的购买日照骏泰房地有限公司的百分之百的股权及全部财产权总计人民币壹仟万元整（10 000 000.00 元）将款汇至泗水骏泰房地产公司账户。

收款人：闫成平
2003 年 XX 月 XX 日

当天，日照骏泰公司召开股东会并形成决议，决议将公司全部股权转让给王筱艺及王筱艺指定的人选，此后新疆骏泰公司不再是公司股东，尹吉庆所持有的 150.7 万元股权不变。

日照骏泰公司股东会决议如下图所示。

日照骏泰公司股东会决议

会议时间：2004 年 5 月 23 日

会议地点：日照骏泰公司会议室

会议性质：临时股东会议

出席会议人员：尹吉庆、闫成平、杨习庆、吴有贤、王筱艺、徐翠

根据《中华人民共和国公司法》及本公司章程，本次股东会由尹吉庆召集并主持会议，经与会股东表决，通过以下决议：

股东新疆骏泰公司、闫成平、杨习庆、吴有贤将所持有的公司全部股权转让给王筱艺及徐翠琴。股权转让完成后，公司股权结构及持股比例为：王筱艺出资 729.65 万元，持股比例 72.965%；徐翠琴出资 119.65 万元，持股比例 11.965%；尹吉庆出资 150.7 万元，持股比例 15.07%。

股东（签字或盖章）：尹吉庆

股东（签字或盖章）：闫成平
股东（签字或盖章）：杨习庆
股东（签字或益章）：吴有贤
股东（签字或盖章）：王筱艺
股东（签字或盖章）：徐翠琴
2004 年 5 月 23 日

为了掩人耳目，上述操作要与贷款的时间拉开距离，在王筱艺的提示下，上述股东会决议的签署时间是 2004 年 5 月 23 日。

至此，尹吉庆与王筱艺的方案已经基本成功了，王筱艺借鸡生蛋，尹吉庆也一步登天。就在第二天，也就是 2003 年 10 月 24 日，尹吉庆与王筱艺领取了结婚证。“这算是我通过了考验么？这是我要的婚姻吗？”看着手中的结婚证，尹吉庆陷入了沉思。

第二节 齐大非偶

婚姻是契约，可仅有契约的婚姻注定是乏味的。在股权转让的主要步骤完成后，尹吉庆成为日照骏泰公司的大老板。尹吉庆本以为这样的美好时光可以一直持续。但王筱艺的“垂帘听政”让尹吉庆芒刺在背，更让他没有想到的是王筱艺的后续操作。

2004 年 5 月，为了维护家族利益，也为了能够更好地控制尹吉庆，王筱艺向尹吉庆提出风头已过，可以完成股权变更登记了。对此尹吉庆当然没有意见，也没法有意见。尹吉庆心有不甘却也无力拒绝，毕竟这公司的股权是怎样来的，他心里有数。

2004 年 5 月 23 日，在尹吉庆的主持下，依照 2003 年 10 月 23 日的股东会决议，闫成平与徐翠琴、吴有贤与王筱艺、新疆骏泰公司与王筱艺、杨习庆与王筱艺，都一一对应地签订了股权转让协议。但是同之前一样，谨慎起见，上述协议中王筱艺、徐翠琴的签名均是尹吉庆代为签署。

同日，新组建的股东会也召开了会议并作出决议，将注册资本由 1 000 万元变更为 3 190 万元，其中尹吉庆出资由 150.7 万元增至 1 450.7 万元，持股比例为 45.48%；徐翠琴出资由 119.65 万元增至 879.65 万元，持股比例为 27.57%；新股东王凤增资入股 130 万元，持股比例为 4.08%；王筱艺出资金额不变，持股比例 22.87%。股东会选举尹吉庆为公司执行董事、经理，选举王筱艺的妹妹王凤为公司监事。

日照骏泰公司股东会决议如下图所示。

日照骏泰公司股东会决议

会议时间：2004 年 5 月 23 日

会议地点：日照骏泰公司会议室

会议性质：临时股东会议

出席会议人员：尹吉庆、王筱艺、徐翠琴、王凤

根据《中华人民共和国公司法》及本公司章程，本次股东会由尹吉庆召集并主持会议，经与会股东表决，通过以下决议：

1. 公司注册资本由 1 000 万元增至 3 190 万元；

2. 增资后股权结构及持股比例为：尹吉庆出资由 150.7 万元增至 1 450.7 万元，持股比例 45.48%；徐翠琴出资由 119.65 万元增至 879.65 万元，持股比例 27.57%；新股东王凤增资入股 130 万元，持股比例 4.08%；王筱艺出资不变，持股比例 22.87%；

3. 由尹吉庆担任公司执行董事、经理，王凤为公司监事。

股东（签字或盖章）：尹吉庆

股东（签字或盖章）：王筱艺

股东（签字或盖章）：徐翠琴

股东（签字或盖章）：王凤

2004 年 5 月 23 日

股权结构如下图所示。

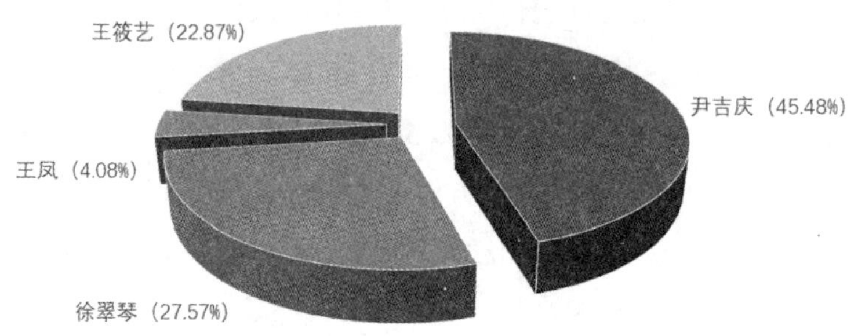

这份股东会决议涉及的股权架构从表面上看尹吉庆是大股东，但是实际上王家母女（徐翠琴、王凤、王筱艺）三人才是实际控股的一方，尤其是王筱艺的妹妹王凤担任日照骏泰公司的财务负责人。这样王筱艺既照顾了老公尹吉庆的面子又保障了实际控股权，很是巧妙！至于增资的资金，王筱艺自然有办法解决。尹吉庆增资的 1 300 万元转入日照骏泰公司账户，不过这笔款项毕竟不是自家资金，验资后在第二天就转出去了，转账支票上加盖有日照骏泰公司公章及王凤的个人印章。

王筱艺虽然照顾了尹吉庆的面子，但是以她的性格，必须牢牢把控住尹吉庆，绝不能有半点失控的风险。2004 年 6 月 8 日，依据王筱艺的想法，尹吉庆出具了一份书面证明，主要说明增资款与自己无关。

证明如下图所示。

证明

本人声明，以我的名义投入到日照骏泰公司的资本金 1 450 万元是公司的资金，不是我个人的。由此所产生利润的 20% 由我个人支配。

特此证明。

尹吉庆

2004.6.8

对于这份证明，尹吉庆非常不乐意出具，可是形势逼人，最后他还是屈服了。但是尹吉庆的心中已经生出了一些别的想法。

时光飞逝，转眼间到了2009年。这几年尹吉庆在商场上冲锋陷阵，斩获颇丰。王筱艺官场上春风得意，连升三级，但是忙于工作的二人在感情上却逐渐疏远。

尹吉庆自从结婚后就感觉很压抑，王筱艺的控制欲让他很难受，这些年在商场上打拼让他羽翼渐丰，这几年自己所做的一些“准备工作”，让他不禁有了离婚自立门户的想法。

尹吉庆将自己的想法试探性地与王筱艺商量，王筱艺当即表示人可以走，日照骏泰公司的股权要全数留给她们母女三人，换句话说，是要尹吉庆净身出户。尹吉庆觉得日照骏泰公司能有今天，都是靠自己亲力亲为，就算是王筱艺有功劳，自己也有苦劳啊。两人大吵一架，不欢而散。

至此，尹、王夫妻二人的矛盾逐渐激化。2010年8月，尹吉庆向法院提起诉讼，要求离婚。王筱艺不同意离婚，她还需要时间来达到她的目的。

第三节　夫妻反目

见离婚诉讼迟迟没有结果，2010年9月16日，尹吉庆以股东身份向法院起诉，要求解散日照骏泰公司。法官接到尹吉庆的起诉状后先开了一个询问庭，了解了日照骏泰公司的状况，并直接告诉尹吉庆，只有公司经营管理发生严重困难，陷入僵局，公司继续存续会使股东利益受到重大损失，该困难通过其他途径不能解决的情况下才能解散公司。日照骏泰公司目前的状况根本不符合解散的条件。

庭后尹吉庆咨询了律师，发觉解散公司确实不靠谱，就撤回了起诉。

但是这次解散公司之诉却警醒了王筱艺，让她觉得自己必须有所行动了。

经过事先与公证处沟通，2010 年 10 月 13 日，日照骏泰公司监事王凤召集股东会议，除尹吉庆以外的其他股东均出席了会议。经公证处公证作出股东会决议，主要是要求尹吉庆在 2010 年 10 月 18 日前补足欠缴的 1 300 万元增资款。

日照骏泰公司股东会决议如下图所示。

日照骏泰公司股东会决议

会议时间：2010 年 10 月 13 日

会议地点：日照骏泰公司会议室

会议性质：临时股东会议

出席会议人员：王筱艺、徐翠琴、王凤

根据《中华人民共和国公司法》及本公司章程，本次股东会由监事王凤召集并主持会议，经与会股东表决，通过以下决议：

1. 同意王凤担任骏泰公司执行董事兼总经理，为公司法定代表人；

2. 同意王筱艺担任公司监事，并更换公司印鉴；

3. 要求尹吉庆在 2010 年 10 月 18 日前补足缴的 1 300 万元增资款。

股东（签字或盖章）：王筱艺

股东（签字或盖章）：徐翠琴

股东（签字或盖章）：王凤

2010 年 10 月 13 日

10 月 13 日当晚，王凤和王筱艺就去接收日照骏泰公司。在公司办公室，上演了二女斗一男的大戏。场面异常激烈，以致惊扰了民警。派出所接到报警后出警处置。当着警察的面，王凤将股东会决议摔在了尹吉庆的脸上，这样激烈的送达场面，民警也是第一回见。至此王家人控制了日照骏泰公司。

一番争执后，尹吉庆与王家人算是彻底撕破了脸。王筱艺也不再念一点点旧情。一不做二不休，干脆那 150 万的股权也决定不再留给尹吉庆。

为了保障送达程序合法，2011 年 10 月 28 日， 王凤以日照骏泰公司名义，在《大众日报》上刊登了召开股东会会议公告，议题为：审议尹吉庆名下 150.7 万元出资额确权的问题；审议关于欠缴 1 300 万元的问题；审议关于限制尹吉庆股东权利的问题。

2011 年 11 月 29 日，王凤、王筱艺和徐翠琴出席了股东会，尹吉庆知道股东会被王家控制，干脆缺席。

该次股东会通过决议，如王筱艺所愿。

日照骏泰公司股东会决议如下图所示。

日照骏泰公司股东会决议

会议时间：2011 年 11 月 29 日

会议地点：日照骏泰公司会议室

会议性质：临时股东会议

出席会议人员：王凤、王筱艺、徐翠琴

根据《中华人民共和国公司法》及本公司章程，本次股东会由王凤召集并主持会议，经与会股东表决，通过以下决议：

1. 关于尹吉庆名下 150.7 万元出资额确权的问题，建议通过股权转让或法院确权方式明确该部分出资额的归属，在归属明确的情况下，公司其他股东同意王筱艺直接持有该部分股权，并协助办理股权登记和变更手续；

2. 关于欠缴 1 300 万元的问题，由王凤和徐翠琴分别履行 650 万元欠缴出资的认缴义务，并享有相应权利……公司应于王凤和徐翠琴履行出资义务后 3 日内，完成该笔出资的验资手续，将该出资额对应的股权记载于王凤和徐翠琴名下，并办理工商登记变更手续；

3. 关于限制尹吉庆股东权利的问题，确认尹吉庆无权享有和行使与 1 300 万元出资额对应股权相关的股东权利，包括利润分配权剩余财产分配权、对应表决权等与该股权相关的一切股东权利。在王筱艺就尹吉庆名下150.7万元出资额的确权事项完成前，尹吉庆仍作为150.7万元出资额对应的47.2%股权的持有人，行使相应的股东权利。

股东（签字或盖章）：王筱艺

股东（签字或盖章）：徐翠琴

股东（签字或盖章）：王凤

2011年11月29日

至此，尹吉庆的图谋落空了，他唯一的希望就在于可以通过离婚诉讼，分割夫妻共同财产，从而获得部分财产。但是他的希望又落空了，因为王筱艺坚决不同意离婚，2012年法院判决不准予离婚。王筱艺的策略就是一方面把尹吉庆困在婚姻中，另一方面通过商业手段将尹吉庆踢出公司，手段毒辣。

面对王家人的步步紧逼，并且公司经营期限也已届满，尹吉庆于2013年3月26日向法院申请对骏泰公司进行强制清算。但是就在法院对强制清算案进行审查立案时，2013年5月20日，徐翠琴、王凤各向骏泰公司转入650万元，共计1 300万元，钱的来源无法深究了。

2013年7月5日，日照骏泰公司召开股东会，徐翠琴、王凤、王筱艺及尹吉庆的代理人参加会议。会议召开过程中，尹吉庆的代理人不同意延长日照骏泰公司经营期限，并表示尹吉庆对2011年11月29日股东会的召开和所形成的决议亦毫不知情。

但是这次股东会仍然形成决议。

日照骏泰公司股东会决议如下图所示。

日照骏泰公司股东会决议

会议时间：2013年7月5日

会议地点：日照骏泰公司会议室

会议性质：临时股东会议

出席会议人员：王凤、王筱艺、徐翠琴、尹吉庆代理人

根据《中华人民共和国公司法》及本公司章程，本次股东会由王凤召集并主持会议，经与会股东表决，通过以下决议：

1. 公司股东会成员不变，出资额及持有股权比例变更如下：王凤实缴出资 780 万元，股权比例 24.45%；王夜艺实缴出资 729.65 万元，股权比例 22.87%；尹吉庆实缴出资 150.7 万元，持股比例 4.72%；徐翠琴实缴出资 1 529.65 万元，持股比例 47.96%；

2. 公司营业期限延长十年；

3，将上述两项关于股权比例变更、经营期限延长事项在公司章程中作出修改。

股东（签字或盖章）：王筱艺

股东（签字或盖章）：徐翠琴

股东（签字或盖章）：王凤

2013 年 7 月 5 日

准备工作完毕，下一步就是要把尹吉庆斩尽杀绝。2013 年 7 月 22 日，徐翠琴和王凤以日照骏泰公司为被告、尹吉庆为第三人提起股东资格确认诉讼，请求判令骏泰公司徐翠琴、王凤签发出资证明，并将对应股权记载于公司股东名册；并在公司登记机关办理变更登记手续。

2013 年 8 月 1 日，王筱艺起诉尹吉庆和日照骏泰公司，要求确认尹吉庆名下的 150.7 万元股权归王筱艺所有。

经过之前的两个官司，王筱艺清楚地表达了她的意思，那就是一分钱都不会留给尹吉庆。同时也因为上述两个案件导致尹吉庆的股东身份变得不确定，尹吉庆提起的强制清算被法院中止，他的如意算盘不攻自破。

在徐翠琴与王凤提起的确认股东资格官司中，徐翠琴以及王凤声称，2003 年 10 月 15 日，王筱艺从新疆骏泰公司处购得日照骏泰公司，并将其中 150.7 万元股权交给尹吉庆代持，119.65 万元交给徐翠琴代持。

2004年5月，骏泰公司增资2 190万元，其中尹吉庆的增资款在验资后已抽逃。

2011年11月29日，骏泰公司再次召开股东会，决议解除尹吉庆相对应1 300万元的股东资格，由徐翠琴、王凤各补缴650万元出资。

2013年5月20日、21日，徐翠琴、王凤各自向公司缴纳650万元出资。尹吉庆抽逃出资并长期拒不补缴，徐翠琴、王凤根据股东会决议履行了补充出资义务，并去法院起诉尹吉庆。

面对丈母娘和小姨子的诉请，尹吉庆心头五味杂陈。他对法官说明徐翠琴、王凤的请求不能成立。

法院通过查明事实并作出判决，支持了徐翠琴与王凤的诉请。

法院一纸长篇大论的判决宣告了尹吉庆一审败诉，但是他对于这1 300万元的增资款是不会轻易放弃的。尹吉庆毫不犹豫地提起上诉，要求撤销一审判决并改判。

在二审庭审中，徐翠琴提交了一份新证据，即日照岚桥长青木业有限公司出具的情况说明。

情况说明如下图所示。

情况说明

日照岚桥长青木业有限公司于2004年5月27日出借给尹吉庆1300万元，并于2004年5月28日收到日照骏泰房地产开发有限公司代为还款的转账支票（面额为人民币1300万元）一张，用于归还尹吉庆欠我公司的款项1 300万元，特此说明。

日照岚桥长青木业有限公司

这份证明犹如一记重拳，一下打在尹吉庆的死穴上，尹吉庆只能自认

1 300万元增资款是王筱艺交给他的，至于款项的来源，尹吉庆也唯有表示自己并不清楚。这下尹吉庆抽逃1 300万元增资款的事算是坐实了，王筱艺的这一招釜底抽薪可谓狠辣。

最终，二审法院仍然维持了一审的判决结果。二审法院认为，根据《中华人民共和国公司法》的规定，将出资款项转入公司账户验资后又转出的，应当认定为抽逃出资。徐翠琴、王凤提交的2004年5月28日日照骏泰公司向日照岚桥长青木业有限公司开具的转账支票，以及日照岚桥长青木业有限公司的情况说明，足以证实该1 300万增资款在验资后即被转出的事实，且尹吉庆也承认其没有实际支付过该款项，因此法院支持了徐翠琴、王凤主张的1 300万增资款是由尹吉庆抽逃的。

关于股东会决议的效力问题。二审法院审查了本案涉及的三份股东会决议。

法院认为通过第一份股东会决议的形成过程，可以认定尹吉庆应当已经知悉决议内容，由此可以认定日照骏泰公司向尹吉庆催缴补足出资的事实。第二份股东会决议或许存在召集程序上的问题，但尹吉庆未在合理期限内提起股东会决议的撤销诉讼。同时，法院认可股东会通过决议解除抽逃出资股东的部分股权，第三份股东会决议系全体股东参加，程序以及决议内容合法有效。

就这样，尹吉庆的1 300万元增资股权没了。那么他的150.7万元原始股权能保住吗？他能够抵挡住王筱艺的斩尽杀绝吗？

在王筱艺与尹吉庆争夺150.7万元原始股权的诉讼中，王筱艺请求法院判令尹吉庆名下150.7万元股权归王筱艺所有。

尹吉庆则声称其已向日照骏泰公司实际履行了150.7万元的出资义务，是日照骏泰公司的发起人和原始股东。是他从新疆骏泰公司购买了日照骏泰公司的股权，所有手续都是他办理的，1 000万元的转让款不是王筱艺支付的，而是尹吉庆以公司的名义贷款而来，日照骏泰公司1 000万元股权应归尹吉庆所有。由于当时不允许一人公司存在，因此购买股权后，尹吉庆将股权交王筱艺、徐翠琴代持，自己仅持有 150.7 万元的股权。对于增资后抽逃 1 300 万元的增资款尹吉庆并不知情，尹吉庆并未抽逃资金。王筱艺、徐翠琴没有参与过日照骏泰公司的管理，公司由尹吉庆经营和管理。所以请求法院驳回王筱艺的诉讼请求。

此时日照骏泰公司已经处于王凤的控制下，法院自然认可王筱艺的陈述与事实相符，同意王筱艺的诉讼请求了。

法院在经过详细的审理后认为，确定股权的实际受让人才是本案的关键。

王筱艺提供了与新疆骏泰公司签订的协议书及收条、情况说明等证据，尹吉庆也提供了与新疆骏泰公司签订的协议书等证据，双方均欲证明自己是与新疆骏泰公司交易的实际受让人。就上述情况，已经生效的民事判决书均有查明和认定。尹吉庆提供的协议书和备忘录与 2004 年 5 月 23 日股东会决议、股权转让协议、公司章程记载均不一致，且其承认上述文件是与新疆骏泰公司于 2007 年 7 月份补签。

另外，闫成平为尹吉庆出具的证明只证明股权转让事宜是尹吉庆办理，并不能证明尹吉庆是全部股权的实际受让人，且闫成平在该份证明中确认了 2011 年为王筱艺出具证明是客观真实的，闫成平与王筱艺签订的协议书及为王筱艺出具的收条、情况说明能够互相印证，形成完整的证据链条，在无其他有效证据佐证的情况下，不足以推翻公司章程记载的股权归属情况。

于是法院判决，确认记载于尹吉庆名下的日照骏泰公司 4.724% 股权（相当于 150.7 万元出资额）为王筱艺所有。

一审败诉后，尹吉庆不甘心失去这 150.7 万元的股权，上诉要求改判。如果说 1 300 万元的增资他还可以放弃，但这 150.7 万元实际上确实有一部分他的功劳在其中，但是二审法院只能按照证据断案。

二审法院认为，日照骏泰公司 150.7 万元股权系尹吉庆代新疆骏泰公司持有，尹吉庆是挂名出资。2003 年 10 月 15 日，新疆骏泰公司将日照骏泰公司的全部股权协议转让与王筱艺，股权转让协议已经履行完毕。

在王筱艺得到日照骏泰公司股权后，虽然尹吉庆登记持有 150.7 万元的股权并担任公司法定代表人，即使有工商部门的登记也不等于他就是股东，只有尹吉庆提供他实际出资的证据，股权才有可能是他所有。尹吉庆不能证明对 150.7 万元股权实际出资，因此，法院认定登记在尹吉庆名下的 150.7 万元股权归王筱艺所有。

就这样，150.7 万元的原始股权也落入了王筱艺的手中，至此，尹吉庆彻底输了。

虽然尹吉庆被踢出了日照骏泰公司，但他人生的前半程（事业和婚姻）就失败了么？官司败诉后，尹吉庆一直在申诉、信访，如祥林嫂一般向有关部门诉说王筱艺的违法违规行为，但是目前看来没起到什么作用。

至于王筱艺，在财富上没有损失， 事业上不但没有受到影响，还升了官，可谓人生赢家。至于婚姻，王筱艺也未必在乎吧。她的结局是天堂还是地狱，无人可知。

[寄语]

这个故事让我想到一句谚语“狗咬狗一嘴毛”，他们的故事仍在继续，这只是其中的一小段。

王筱艺虽然利用法律手段占得有利位置，但“天平”已失衡，尹吉庆并没有认输。

法律如同一把利刃，操之在手需谨慎。朋友们，通过这个故事可以了解到，即使手持利刃，也不能伤害他人，否则终将害人害己。愿公平正义永远伴随着法律与你我。孔子曰：“道之以政，齐之以刑，民免而无耻；道之以德，齐之以礼，有耻且格。”从古到今，做人永远不要丢掉良心。

[编者评语]

“王行长的行为令人不齿，是否触犯刑律我们相信将会由司法机关做出公正处理。”

所有的成功都有失败垫背，所有的光鲜也可能仅是昙花一现，本案中，王筱艺技高一筹，步步为营，尹吉庆“赔了夫人又折兵”。

（1）王筱艺的“成功”有几点。从一开始，她就运用掌握的知识充分布局，在背后指点江山，让尹吉庆冲锋陷阵。

从法律层面看，文件均由尹吉庆签署，无论对外还是对内，尹吉庆均表现为公司股东身份。但从资金流向看，均来自王筱艺的运作。

首先，款项付清后，出售方出具的收条中载明“收到王筱艺交付的购买公司的钱款 1 000 万元”，确认款项来源。其次，尹吉庆出具的情况说明，载明其对公司的出资均不是个人所有。

在司法实践中，即便没有股权代持协议，通过双方之间的合作模式以及公司其他股东的佐证，亦可认定二者事实上存在代持关系。本案则更为特殊，公司股东除尹吉庆之外，都是王筱艺的“自己人”， 若王筱艺想通过召开股东会完成隐名股东的显名化，也是易如反掌。

（2）尹吉庆的失守分别从以下几个数字说起。

尹吉庆作为公司员工代持新疆骏泰公司股权份额 15.7%，也是其有机会接近王筱艺的开端，但是细究其身份，如前所述，仍然是名义股东，权利受限。

尹吉庆与王筱艺成婚后，公司增资后尹吉庆的持股比例为 45.48%。公司股东除尹吉庆之外，其他三人的股权份额均少于尹吉庆，构成了尹吉庆是大股东的表象。然而在公司实际运营中，王家母女三人才享有公司的实际控制权。

王筱艺实际控制公司后，尹吉庆出具的书面证明中写了公司利润分配请求权的份额为 20%。其不仅证明了尹吉庆系名义股东，还对其股东权利进行了缩减，尹吉庆在公司的话语权就此几乎丧失。

尹吉庆提起公司解散诉讼后，王筱艺步步紧逼，首先召开股东会，更换法定代表人。变更法定代表人决议事项属特别决议，章程应当对由谁担任公司法定代表人作出明确规定，法定代表人的名字必须记载于公司章程，更换法定代表人后章程必须修改，需经代表三分之二以上表决权的股东通过。

在本案中，工商登记显示尹吉庆持有 45.48% 的股权，尹吉庆可以提起决议效力之诉，要求法院认定决议无效。后王家人将股东会决议以警察见证的方式送达，该送达程序违法，尹吉庆作为股东，还可在得知决议内容后六十日提起股东会决议的撤销之诉，但尹吉庆与自己的权利数次失之交臂。

[判决文号]

（1）山东省日照市中级人民法院（2013）日商初字第 41 号民事判决。

（2）山东省高级人民法院（2015）鲁商终字第 210 号民事判决。

第八战

失信失和 聚散两难

民营经济，是我们党长期执政、团结带领全国人民为实现“两个一百年”奋斗目标和中华民族伟大复兴的重要力量。《商战之法》一书，从以民营企业为代表的市场主体常见的法律问题入手，以案例剖析代替枯燥的法理分析，用质朴文风阐述至简大道，抽丝剥茧找病灶，防微杜渐堵漏洞，举一反三防风险，视角宽广，目光犀利，思路清晰，给众多市场主体和企业家打开了一扇扇“百叶窗”，提供了一条条“锦囊计”，砌筑起了一堵堵“防火墙”。

政府法制工作者
周锋

商业活动中，诚信、人和尤为可贵。在下面这个故事中，股权代持、开除股东、公司解散，各种要素都缠绕在了一起。股东之间的失信让矛盾升级，股东之间的诉讼扑朔迷离，结局胜负难料。

和气生财，如果本案中的股东能一诺千金，按规则办事，也不至于出现公司僵局，两败俱伤的局面。

第一节 以母之名 股权代持

1969 年，本故事的主人公陈劲在上海市降生了。陈劲天资聪颖，小小年纪就活成了旁人眼中“别人家的孩子”，从小学到大学，他的学霸之路顺风顺水。大学毕业后，陈劲赴美国纽约进修生物科学，在生物样本库领域取得了一定的学术成果。回国后，陈劲在上海的某家医院担任学术带头人。40 多岁的陈劲在事业上自认为已经取得了一定的成就，下一步他要追求产学研相结合，或者说，财富。

2015 年，陈劲发明了一种新型生物样本保存技术。同年 6 月，陈劲向专利局申请了“新型生物样本保存实用新型”专利，2015 年 11 月，该专利获得授权公告。

在取得专利证书之后，陈劲认为自己的专利具备商业价值。于是在2015年12月17日，陈劲以母亲叶振兰的名义设立了一家公司，名为班科公司。叶振兰认缴出资200万元，持股比例100%。这个公司本就是陈劲用来融资的“壳”而已，是不可能实缴的。至于陈劲为什么要以老母亲的名义设立公司，也许是因为单位政策不允许，也许是其他原因，我们不做深究。

公司设立后，下一步自然是寻找投资人。经朋友介绍，陈劲结识了朴江老板。朴江对于陈劲的专利很感兴趣，认为陈劲的专利产品一旦投入市场，具备极大的竞争力，利润很可观。经过几轮磋商，陈劲与朴老板拟定了合作方案。

2016年4月20日，陈劲以母亲叶振兰的名义与朴江，以及朴江找来的另一位小投资人兼职业经理人顾晓云签订一份股权转让协议。

该协议约定:叶振兰将所持有班科公司48.96%股权作价500万元卖给朴江，将所持有班科公司4%股权作价20万元卖给顾晓云，买方应于本协议签订之日起70日内向叶振兰付清全部股权转让款。如有违约，按国家法律法规的有关规定执行。

签订协议的同一天，朴江、叶振兰、顾晓云以班科公司股东名义召开股东会，作出如下决议。

班科公司股东会决议如下图所示。

班科公司股东会决议

会议时间：2016年4月20日

会议地点：班科公司会议室会议性质：临时股东会议

出席会议人员：朴江、叶振兰、顾晓云

根据《中华人民共和国公司法》及本公司章程，本次股东会经与会股东表决，通过以下决议：

1. 同意朴江受让叶振兰持有的班科公司48.96%的股权，同意顾晓云受让叶振兰持有的班科公司4%的股权，股权转让后，注册资本200万元中，叶振兰认缴出资94.08万元，朴江认缴出资 97.92 万元，顾晓云认缴出资 8 万元；

2. 注册资本由200万元增至 999 万元。增资后，叶振兰认缴注册资本 469.9296 万元，占注册资本的 47.04%，出资方式为知识产权出资。朴江认缴注册资本 489.1104 万元，占注册资本 48.96%，出资方式为货币出资。顾晓云认缴注册资本 39.96 万元，占注册资本的 4%，出资方式为货币出资；

3. 免去叶振兰执行董事一职，选举朴江为执行董事。免去陈劲监事职务，选举叶振兰为监事，聘任顾晓云为总经理，任期 3 年；

4. 通过新的公司章程。

股东（签字或盖章）：叶振兰

股东（签字或盖章）：朴江

股东（签字或盖章）：顾晓云

2016 年 4 月 20 日

新的公司章程载明：班科公司注册资本 999 万元。朴江以货币方式出资，认缴出资额 489.1104 万元，出资时间为 2016 年 6 月底前，出资比例为 48.96%。叶振兰以知识产权出资，认缴出资金额 469.9296 万元，出资时间 2016 年 12 月底前，出资比例为 47.04%；顾晓云以货币方式出资，认缴出资金额为 39.96 万元，出资比例 4%。

股权结构如下图所示。

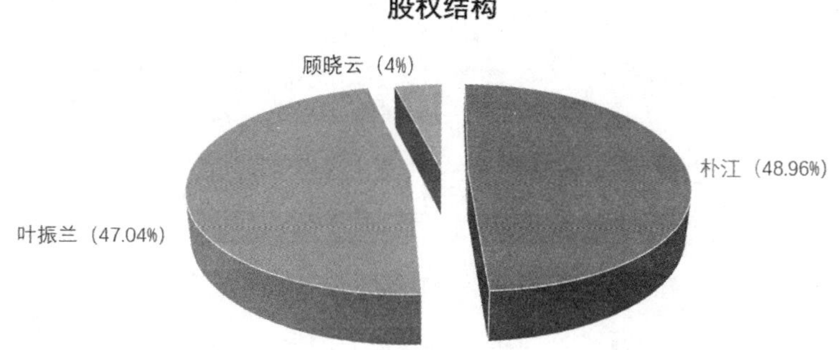

上述股东会开完之后，顾晓云觉得自己的持股比例过低，于是经过几轮磋商，2016 年 5 月 30 日，朴江、陈劲、顾晓云就合作经营班科公司之事又签订一份股东合作协议。

股东合作协议如下图所示。

股东合作协议

甲方：朴江

住址：XXXXXXXX

身份证号：XXXXXXXX

乙方：陈劲

住址：XXXXXXXX

身份证号：XXXXXXXX

丙方：顾晓云

住址：XXXXXXXX

身份证号：XXXXXXXX

甲、乙、丙三万依照相关法律、法规的规记，经友好协商，就对班科公司投资合作事项达成一致，特签订本合同，以使各方遵照执行。

第一条甲方朴江出资 500 万元，持有公司 51% 股份，应予 2016 年 5 月 31 日前转至公司账户。乙方陈劲以技术出资，持有公司 49% 股份，乙方的股份由其母叶振兰代持。甲、乙两方从原持有股份中等比转让合计 6% 给丙方顾晓云，其中 4% 由丙方出资 20 万元后受让，剩余 2% 在 2016 年底考核合格后获得，丙方不需支付对价。

第二条股权转让后，甲方将持有公司 47.94% 股份，乙方将持有公司 46.06% 股份，丙方将持有公司 6% 股份。

第三条三方同意甲、乙双方的投票表决权分别为甲方占51%、乙方占49%，丙方不具有表决权。

第四条公司股东会成员为甲方、乙方、丙方。

……

……

……

甲方（签字或盖章）：朴江

2016年5月30日

乙方（签字或盖章）：陈劲

2016年5月30日

丙方（签字或盖章）：顾晓云

2016年5月30日

协议签订后，于2016年7月7日，班科公司完成了工商变更登记，注册资本由200万元变更为999万元，法定代表人由叶振兰变更为朴江，股东由叶振兰变更为叶振兰、顾晓云、朴江。

2016年8月17日，陈劲在解决了班科公司的后顾之忧后，由幕后走到台前，法律关系上表现为从班科公司的隐名股东转为显名股东，正式登记在工商信息里。

班科公司股权结构如下图所示。

股权结构

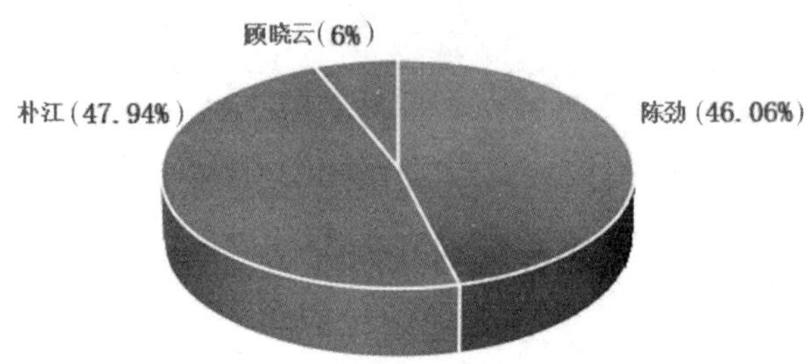

2017年2月23日，班科公司召开股东会并作出决议，至此班科公司的股权结构最终确定。

班科公司股东会决议如下图所示。

班科公司股东会决议

会议时间：2017年2月23日

会议地点：班科公司会议室

会议性质：临时股东会议

出席会议人员：朴江、陈劲、顾晓云

根据《中华人民共和国公司法》及本公司章程，本次股东会由张家存召集并主持会议，经与会股东表决，通过以下决议：

1. 公司注册资本由999万元增至1 000万元；

2. 股东及出资金额、比例分别为：陈劲以知识产权(专利)出资，认缴出资额为470万元(占47%)；朴江以货币出资，认缴出资490万元(占49%)；顾晓云以货币出资，认缴出资40万元(占4%)：出资期限均为2017年2月28日前。

股东(签字或盖章)：陈劲

股东(签字或盖章)：朴江

股东(签字或盖章)：顾晓云

2017年2月23日

股权结构如下图所示。

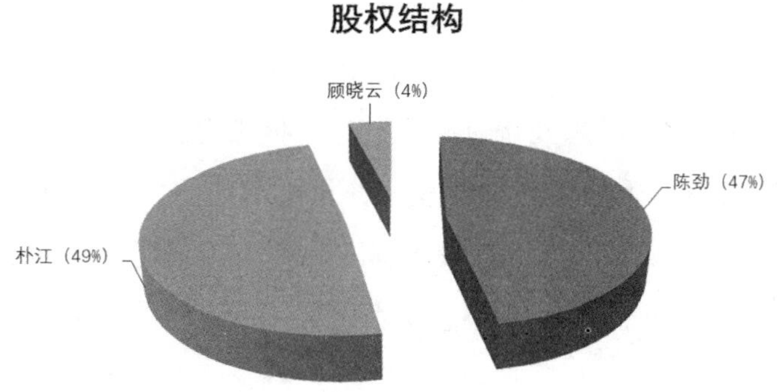

2016年5月16日、2016年6月2日、2017年3月8日，朴江先后向班科公司银行账户转入股东投资款200万元、100万元、190万元，合计490万元。2016年5月26日和2017年4月13日，顾晓云分两次将出资款40万元转入班科公司账户，至此朴江、顾晓云完成了他们的出资义务，资金实缴到位，公司也在朴江的实际操控下开始正式运营。

第二节　时移世易，专利贬值引发矛盾

朴江和顾晓云的出资到位后，自然该陈劲把他的专利过户到公司名下完成实缴出资。早在2017年4月23日，经班科公司申请，关于该专利的资产评估报告已经由评估机构作出，评估意见为该实用新型专利权评估值为481.9万元。但是陈劲却一直没有把该专利权过户，根源就在于朴江入主公司之后，陈劲在公司的话语权急剧下降，于是他故意拖延时间，意图使用这样的方式增加自己的话语权。

朴江和顾晓云将真金白银投入了班科公司，自然希望能够尽快投产新产品。但是因为股东间的矛盾，直到2017年10月17日，虽经朴江和顾晓云再三催促，

陈劲依然不配合。于是朴江干脆另想办法，机缘巧合之下居然真的在市场上找到了一种技术，可以替代陈劲所提供的专利，这下朴江不着急了，更不把陈劲放在眼里。

陈劲本想赌一把，没想到玩过头了，这时再想完成出资把专利技术过户到公司名下，朴江却不乐意了。朴江表示，机会只有一次，再想过户，除非把专利的估值降低，减少陈劲的持股比例。陈劲当然不同意朴江的意见，于是2018年3月26日，陈劲通过邮政速递向朴江发送了一封通知函。

通知函如下图所示。

通知函

班科公司：

2017年3月，就陈劲所持有的实用新型专利权，陈劲与班科公司签订《资产转移协议》。

2017年以来，就陈劲持有的新型保存管实用新型专利权转移给班科公司，以及陈劲持有的该实用新型专利以知识产权形式实缴出资470万元的事项，本人陈劲已多次通知班科生物科技有限公司和法定代表人朴江先生，但公司至今未予办理。本人现以书面形式通知上海班科生物有限公司。

1．班科公司与本人陈劲自2018年3月28日起共同办理新型保存管的专利权转移和以知识产权实缴出资470万元事项。

2．公司股东兼董事朴江协助办理本人陈劲以知识产权向上海班科生物有限公司实缴出资470万元事项。

陈劲

2018年3月26日

朴江收到上述邮政速递快件之后，当场拆封查看，查阅通知函内容之后予以拒收。

见到朴江如此决绝，陈劲也只能用法律来保护自己的权益了。陈劲觉得自己作为股东，只要掌握了班科公司的关键信息，就能迫使朴江就范。鉴于陈劲不掌握班科公司目前的财务状况，他需要查账。2018 年 5 月 23 日以班科公司为被告，首先打起了股东知情权的官司，说白了就是要查账。

陈劲在诉状中要求班科公司提供完整的会计账簿、会计凭证（记账凭证、原始凭证）以供查阅。

庭审中陈劲的代理律师声称，陈劲是班科公司的股东、董事，有权查账。

班科公司的代理人则予以驳斥，表示不同意陈劲的诉讼请求。

法庭审理中，班科公司的代理人承认公司已撤离了上海，此后无经营地址，并提供了法定代表人目前安徽省合肥市的通讯地址。陈劲这才知道原来自己的公司已经被搬到合肥去了，气不打一处来。

经过审理后，法官认为，股东知情权是我国公司法赋予股东了解掌握公司经营状况的基本权利。

最终法院支持了陈劲的诉请，判决班科公司提供公司会计账簿、会计凭证（原始凭证和记账凭证）供陈劲及会计师查阅，查阅时间为 15 个工作日。

第三节　矛盾激化，难分难解

股东知情权的案子输了，朴江意识到了陈劲来者不善。于是朴江一面上诉拖延时间，一面准备实施其他方案。

2018 年 6 月 28 日，朴江向陈劲通过快递寄送了一份关于召开班科公司股东会暨董事会会议的通知，准备解除陈劲的股东及董事资格。

关于召开班科公司股东会暨董事会会议的通知如下图所示。

关于召开班科公司股东会暨董事会会议的通知

陈劲：

现正式通知你班科公司召开股东会暨董事会会议相关事宜，会议时间为2018年7月14日，会议地点为上海中航泊悦酒店，会议事项如下：

1. 关于解除陈劲的股东及董事资格的议案；

2. 公司股东变化后的其他相关议题。

班科公司

2018年6月28日

股东会当天，就解除陈劲的股东资格的问题，朴江和顾晓云与陈劲发生了激烈的争吵。最终会议决议解除陈劲的股东资格，并形成股东会决议。该决议取消陈劲股东资格并解除董事职务。

股东会决议如下图所示。

股东会决议（临时）

会议时间:2018年7月14日

会议地点：上海中航泊悦酒店

会议性质：临时股东会议

出席会议人员：朴江、陈劲、顾晓云

根据《中华人民共和国公司法》及本公司章程，本次会议由董事长朴江提议召集并主持会议，董事长于15日以前通知全体股东，实际到会股东3人，代表100%表决权。公司股东陈劲以实用新型专利投资入股持有本公司47%的股权，但一直未履行出资义务，本公司股东朴江、顾晓云于2017年10月17日要求陈劲履行出资义务，但陈劲拒绝将其持有的实用新型专利变更到公司名下。鉴于此，经代表 53%表决权的股东通过以下决议：

1. 解除陈劲股东资格；

2. 解除陈劲董事职务。

股东（签字或盖章）: 朴江

股东（签字或盖章）: 顾晓云

2018 年 7 月 14 日

对于这份决议，陈劲拒绝在上面签字。

2018 年 12 月 1 日，班科公司又召开股东会，并形成股东会决议（临时），该决议取消董事会，免去陈劲和顾晓云的董事职务，免去朴江的董事长职务，同时选举朴江为公司执行董事，任期三年。后班科公司将减资公告刊登于 2018 年 12 月 20 日的《青年报》上。

股东会决议如下图所示。

股东会决议（临时）

会议时间 :2018 年 12 月 1 日

会议地点 : 上海中航泊悦酒店

会议性质 : 临时股东会议

出席会议人员 : 朴江、顾晓云

根据《中华人民共和国公司法》及本公司章程的有关规定，班科公司股东于 2018 年 12 月 1 日在上海召开股东会，本次会议由持股 49% 的股东朴江提议召开，已于 15 日以前通知全体股东，应到股东 2 人，实际到会股东 2 人，代表 100% 表决权。鉴于公司于 2018 年 7 月 14 日作出股东会决议，决议取消陈劲的股东资格，并解除陈劲董事职务，现经到会全体股东一致通过，作出决议如下 :

1. 公司注册资本由 1 000 万元，减至 530 万元，陈劲退出该公司;

2. 公司减少注册资本后，股东的出资额和持股比例如下: 朴江，出资额 490 万元，出资比例 92.45%; 顾晓云，出资额 40 万元，出资比例 7.55%;

3. 公司在本决议作出后，编制资产负债表及财产清单，在 10

日内通知债权人，并于30日内在报纸上公告；

4. 取消董事会，免去陈劲董事资格，免去原董事会成员顾晓云的董事职务，免去原董事会成员朴江的董事长职务，同时选举朴江为公司执行董事，任期三年；

5. 免去叶振兰的监事职务，选举顾晓云为公司监事。

6. 通过新的公司章程。

股东（签字或盖章）：朴江

股东（签字或盖章）：顾晓云

2018年12月1日

但是当班科公司的工作人员持上述两份股东会决议及相关材料前往工商部门办理变更登记时，还是被工商部门拒绝了，并告知班科公司2018年7月14日的股东会决议不符合《中华人民共和国公司法》的规定，缺少股权转让协议。要想办理股权变更登记需要具备股权转让协议或有法院判决。但还没等朴江提起股东会决议效力确认的官司来满足工商局的要求，陈劲已经先下手为强了。

第四节 公司解散，难解难分

陈劲想着既然朴江要把自己踢出局，不如把公司解散。公司解散了自己还能分一部分公司资产，稳赚不亏。2019年4月1日，愚人节这一天，陈劲以班科公司为被告、以朴江、顾晓云为第三人打起了公司解散的官司。不得不说，陈劲在选择立案日期上还是很有黑色幽默精神的。

叶振兰称与朴江、顾晓云签订了一份股权转让协议。协议签订后，叶振兰按协议约定配合朴江办理完毕股权转让工商变更登记手续，但朴江至今未支付上述股权转让款。

朴江在法庭上很是愤怒，表示叶振兰从来不是真实股东，叶振兰与案外人陈劲是母子关系，陈劲将班科公司股权交由叶振兰代持，陈劲才是案件涉及的股权的实际持有者，叶振兰与陈劲之间是代持股关系。朴江进入班科公司、获得公司股权均是与陈劲协商好的。且班科公司设立时注册资本为 200 万元，叶振兰作为唯一股东，并未实缴注册资本。班科公司自设立到朴江投资成为股东之前，没有办公场所， 没有营业收入，纳税零申报，实际是一家空壳公司，其股权无任何价值。同时，股权转让协议约定，朴江应于协议签订后 70 日内支付股权转让款，但在班科公司于 2016 年 7 月 7 日完成工商变更登记时，朴江已属超过付款期限未支付股权转让款。在此情况下，叶振兰仍然进行了工商变更登记，有悖常理。在长达两年时间内，叶振兰从未向朴江主张过股权转让价款，叶振兰与朴江之间并不存在股权转让款纠纷。

朴江的代理人则表示，朴江及班科公司另一股东根据股东合作协议约定，分别向班科公司支付了 490 万元和 40 万元股东投资款。虽陈劲始终未按股东合作协议及公司章程约定将实用新型专利变更为班科公司所有，但股东合作协议是班科公司各股东之间的真实意愿表示，该协议约定朴江向班科公司支付 500 万元即可获得班科公司 51% 股份。

陈劲从未向朴江主张过股权转让款，朴江获得班科公司股权应以股权合作协议为准，股权转让协议不具备履行条件。所以即使股权转让协议有效，那也被班科公司真实股东之间签订的股东合作协议变更，股权转让协议除在办理工商变更登记时作为样式文件提交外，对公司股东并无约束力，根本无需实际履行。

法院审理后认为，叶振兰、朴江、顾晓云签订的股权转让协议以及陈劲、朴江、顾晓云签订的股东合作协议是各方真实意思表示，合法有效。因为叶振兰与陈劲是股权代持关系，所以作为班科公司隐名股东的陈劲与朴江、顾晓云于 2016 年 5 月 30 日签订的股东合作协议应视为股东转让协议的补充约定。朴江出资 490 万元的行为显然是履行股权合作协议，而股权转让协议虽已成立并生效，但并未实际履行。

最终法院判决支持了朴江的抗辩，驳回了叶振兰的诉讼请求，陈劲的阴招被识破了。

故事回到公司解散的官司上，该案件于 2019 年 9 月 10 日公开开庭审理。陈劲向法院提出解散班科公司的诉讼请求。

陈劲认为，班科公司是陈劲、朴江和顾晓云出资设立的有限责任公司，各股东不能有效沟通， 不能正常召开股东会和董事会，不能形成有效决议，公司已陷入僵局且无法调和。

班科公司则予以驳斥，表示不同意解散公司的诉讼请求，认为陈劲不是班科公司的股东，没有权利起诉。

法院审理后认为，朴江及顾晓云以陈劲未履行出资义务为理由，解除其股东资格，但未提供书面证据证明已穷尽手段告知陈劲出资，没有为陈劲保留合理的申辩和辩论权利。班科公司临时股东会决议无效。

就本案而言，陈劲先前已经起诉班科公司要求行使股东知情权查账、班科公司及另外两名股东对陈劲的股东资格予以否认，股东矛盾已不可调和，可以认定公司经营管理已经出现了严重困难。其次，关于公司继续存续是否会使股东利益受到重大损失，被告班科公司股东之间长期处于矛盾状态，公司人合基础已完全丧失，而公司也已停止经营，财产已处于不断消耗和流失状态，所以班科公司继续存续会使股东利益受到重大损失。

本案审理中，法院多次组织调解，双方无法就公司存续及纠纷解决方案达成一致意见。因此，公司的现状已表明无法通过其他救济途径解决，符合司法强制解散的条件。

基于上述理由，法院判决解散班科公司。

这个判决一下让朴江傻了眼，他万万没想到法院会这样判，于是赶忙提起上诉。好在二审法院认为一审判决存在问题，裁定发回重审。

在重审中，朴江做了万全的准备，换了律师，找了两个专门打股东纠纷官司的律师。

在重审中，陈劲表示，公司在朴江控制之后，股东之间的矛盾已经无法调解，属于典型的公司僵局，有限公司固有的“人合性”已经不复存在。

法院查明的事实与原审基本一致，但是经过上级法院的“提示”，基层法院对本案的认识有了明显变化。股东之间的矛盾并不影响公司的日常经营管理。无法形成增减资、解散公司等重大事项的股东会决议并不影响公司的正常经营，也不能说明公司经营管理存在严重困难。

公司无固定的经营场所和工作人员并不是认定公司经营管理存在严重困难的必要条件，所以即便公司无固定经营场所和工作人员，也不能以此认定公司经营管理存在严重困难。

最终法院判决如下：驳回陈劲的诉讼请求。陈劲收到判决之后左思右想，最终放弃了上诉。

这次的公司解散官司历经一审、二审、发回重审，共历时一年半。在这一年半期间，为了开除陈劲，朴江还曾于2019年12月提起了一个公司决议效力确认纠纷的官司，要求确认开除陈劲的股东会决议有效。但是最终和股东知情权纠纷之诉的判决结果类似，法院认为：班科公司未曾催告陈劲缴纳出资，反而，陈劲于2018年3月发函至朴江要求将涉案专利过户至班科公司名下，朴江明确予以拒绝。由此可见，即便2018年7月14日股东会讨论了解除陈劲股东资格的议案并形成决议，也不符合公司法关于解除股东资格的前置程序。法院判决开除陈劲的股东会决议无效。

至此局面再次陷入僵持，陈劲的股东资格无法被开除，班科公司也无法被解散，纠纷的双方谁也没有得到好处。

笔者不禁感叹，股东间若是不能待人以诚，则公司的经营难免江河日下。待人以诚而去其诈，待人以宽而去其隘，方为合作共赢之道，此故事与诸君共勉。

[寄语]

本案给了我们三条启示：第一，股东以知识产权出资，应当及时评估作价，并依法办理财产权转移手续。未在出资期限内把专利权等知识产权过户，视为未履行股东出资义务，故可能会面临向足额出资股东承担违约责任的风险，甚至会因此被股东会解除股东资格；第二，公司要开除股东，不仅要履行催告义务，还需要确保股东会召集程序、决议内容和表决方式都符合法律规定；第三，公司应将表决权的行使规定在公司章程中，核心人员要持有绝对的表决权，避免股东间僵持，无法做出决策，陷入进退两难的困境中。

言必信，行必果。不论做什么事情，都要重诺守信。言而有信是社会的基石，也是人与人之间交往的基本准则。千万不要心存侥幸。慎之慎之！

[判决文号]

（1）上海市第二中级人民法院（2018）沪02民终7480号民事判决。

（2）上海市杨浦区人民法院（2020）沪0110民初1694号民事判决。

（3）上海市杨浦区人民法院（2019）沪0110民初21825号民事判决。

（4）上海市杨浦区人民法院（2019）沪0110民初6220号民事判决。

（5）上海市杨浦区人民法院（2018）沪0110民初9835号民事判决。

第九战

真假出资　兄弟阋墙

后疫情时代，商战将会愈演愈烈。各个行业内卷严重，如何破局而出，开拓一片天地？这就需要企业高管拥有敏锐的战略意识与法商思维。本人作为上海市科创导师，现实中很遗憾地发现，不少基础很好的民企企业，从“筚路蓝缕”“同舟共济”到“同床异梦”，最后“同归于尽”。合伙人没选对、股权不清晰、决策机制不明确、多头管理等都是常见的企业通病。《商战之法》无疑是非常好的学习资料，希望更多的企业家从中汲取经验教训，把企业做大做强。

CCTV 专访品牌战略专家、软实力培训咨询集团创始人
陶文钧

读者朋友们，20 世纪 90 年代，商人注册、成立一家公司颇为不易。实缴制是个门槛，须有一定经济基础才行。为了解决这个难题，很多公司的创始人都采用了使用过桥资金的方式，但使用过桥资金往往要付出代价，下面这个故事就起源于那个时代。

第一节 下海

1999 年，改革开放满 20 年，从个体户到万元户再到企业家，资本初步展示了它的魅力。上海那时还不叫“魔都”，但已经是中国工商业最发达的城市。

上海人祝明祥已然年近 40，但是他毅然决然地从单位辞职下海从商，做一个弄潮儿。下海这个词，现在已经很少有人提起，但是在 20 世纪 90 年代，这个词代表了人们对于生活的一种抉择。

祝建康是祝明祥的表兄，二人从小一块长大，关系很是要好。听闻祝明祥下海了，祝建康也坐不住了。他本就在单位干得不顺心，这下更是耐不住寂寞，要与祝明祥一道下海打拼。二人琢磨了一下，人多力量大，还得多叫几个亲戚一块干才行。于是祝明祥又叫上了他的小舅子蒋明良。三人经过磋商，决定一块合伙做生意，祝明祥家里阔绰，负责出启动资金。祝建康本是学财务的，就

负责财务工作。蒋明良年轻，可以跑业务。三人计划成立一家公司，名为辰骄公司。因为祝明祥出资金，所以由祝明祥做法定代表人，股份也都算祝明祥的，祝建康与蒋明良只挂个名，口头约定过几年生意若干起来了再给祝建康与蒋明良分一部分股份。

1999 年 6 月 10 日，工商局对辰骄公司名称作出核准，祝明祥找的会计师事务所很快就出具了验资报告，确认辰骄公司注册资本总额为 500 万元，祝明祥出资 375 万元，祝建康出资人民币 75 万元、蒋明良出资 50 万元。至于出资的钱，是祝明祥找的过桥资金，这 500 万元第二天就转出了辰骄公司的账户。

辰骄公司章程中约定辰骄公司的股东为祝建康、祝明祥及蒋明良，对应所占股权比例分别为 15%、75%、10%，营业期限为 1999 年 6 月 23 日至 2011 年 12 月 31 日。

辰骄公司不设董事会、监事会，执行董事为公司法定代表人。祝明祥任执行董事，为公司法定代表人，祝建康任监事。股东会行使包括决定公司经营方针和投资计划等十一项职权，但并不包括解除股东资格的职权。公司每年召开一次股东会议，由执行董事召集，全体股东参加，讨论决定公司一切重大问题。代表四分之一以上表决权的股东、三分之一以上董事、监事可以提议召开临时会议。股东会的议事方式和表决程序按《中华人民共和国公司法》的有关规定进行。经营期限满即行解散，公司宣布解散时，即停止一切经营活动，并进入清算阶段。

公司开始经营后，效益相当不错，祝建康与蒋明良虽然实际上没有股份，但是也确实从公司赚了一些钱。2002 年 3 月，祝明祥的妻族（蒋友山、楼满月、蒋爱明）加入了辰骄公司。祝明祥便将其 32% 股权转让给蒋友山；5% 股权转让给楼满月；5% 股权转让给蒋爱明。眼见这么多祝明祥的“外戚”进入公司并且获得股份，祝建康很是不满。祝明祥则告诉祝建康这些股份仍然都是祝明祥的，所谓的股权转让也只是一个形式而已。听了祝明祥的解释，祝建康也没再说什么。

2002 年 12 月 3 日，祝明祥又设立了一家辰骄储运有限公司。该公司的股东就是祝明祥夫妻两人，业务范围与辰骄公司几乎一样，经营地点也与辰骄公司一致。对于祝明祥设立这样一家公司，祝建康表示不解，只觉得祝明祥明显初心不再。但无奈形势比人强，嘴上没说什么，心中难免怨怼。

2003 年下半年，祝明祥对祝建康表示自己要把登记在其他人名下的股份收一部分回来。祝建康对此没有意见，只是这几年自己也往辰骄公司投了几十万资金，赚的钱基本搭进去了，能否适当给予自己一些补偿。祝明祥表示没有问题，可以补偿，股权转完以后就安排。

2003 年 9 月 17 日，辰骄公司召开股东会，登记股东祝明祥、蒋明良、蒋友山、楼满月、蒋爱明出席，并形成决议。

辰骄公司股东会决议如下图所示。

辰骄公司股东会决议

会议时间 :2003 年 9 月 17 日

会议地点：辰骄公司会议室

会议性质：临时股东会议

出席会议人员：祝明祥、蒋明良、蒋友山、楼满月、蒋爱明

根据《中华人民共和国公司法》及本公司章程，本次股东会由祝明祥召集并主持会议，经与会股东表决，通过以下决议：

1. 祝建康的 15% 股权、蒋明良的 10% 股权、楼满月的 5% 股权、蒋爱明的 5% 股权都转给祝明祥；

2. 修改公司章程，祝明祥任法定代表人，蒋友山出任监事。

股东（签字或盖章）：祝明祥

股东（签字或盖章）：蒋明良

股东（签字或盖章）：蒋友山

股东（签字或盖章）：楼满月

股东（签字或盖章）: 蒋爱明

股东（签字或盖章）: 祝建康

2003 年 9 月 17 日

决议由祝明祥、蒋明良、蒋友山、楼满月、蒋爱明签名确认。决议中有关祝建康的签名却是由蒋爱明代签。蒋爱明在会议中说祝建康有事来不了，让自己替他签字，大家都是亲戚，也不用什么书面授权了。

会议中，蒋爱明又以祝建康的名义与祝明祥签订股权转让协议书，主要内容为祝建康将 15% 股权转让给祝明祥，祝明祥足额认缴出资。

之后，辰骄公司办理了变更登记，辰骄公司股东变更为祝明祥和蒋友山，两人所占股权比例分别为 68%、32%。

第二节 不患寡而患不均

时间转眼到了 2009 年，这几年来祝建康一直在辰骄公司做财务负责人。钱是赚了一些，但是祝建康的心情也逐渐变差。依照当初的设计，辰骄公司的经营期限眼看要届满，祝明祥答应自己的股份却遥遥无期。这些年来自己辛苦打拼，若是最后没个好结果就太可悲了。于是找了个机会与祝明祥谈了谈，没想到祝明祥仍然一味敷衍， 仿佛当初的约定不存在一般。祝建康越想越气，既然祝明祥不给，那就自己拿好了。于是祝建康将祝明祥告上法庭，要求确认当初蒋爱明代他与祝明祥签订的股权转让协议无效。

祝明祥没想到祝建康会翻脸，这些年祝建康工作勤勤恳恳，竟然还有这番心思是他没想到的。

庭审中，祝明祥表示，公司设立时祝建康未实际出资，仅是公司名义股东，不享有股东的权利。涉案协议书中转让人处签字确非祝建康本人所签，是蒋爱明代签，但协议内容是祝建康认可的。

这样的抗辩明显缺乏力度，法院认为，祝建康系辰骄公司股东，出资金额75万元，占注册资本的15%。祝明祥称祝建康未实际出资，根本不享有股东的权利，但缺乏证据，不采信。即使祝建康确未出资，也是祝建康向股东承担违约责任，而不能否认祝建康具有股东资格。从股权转让协议的内容来看，15%的股权转让，却没有对价，显然损害了祝建康的利益。从公司股东会会议来看，会议内容为股权转让事宜，对祝建康来说具有重大利害关系，但其竟未参加会议，有悖常理。

股权转让协议的签订，属恶意串通，并损害了祝建康的合法利益，应属无效。

法院最终判决股权转让协议书无效。

祝明祥拿到判决后很生气，自己平白无故落了个恶意串通的名声，这哪受得了，但是判决还是要执行的。

在祝明祥的主持下，辰骄公司召开股东会并作出股东会决议。

辰骄公司股东会决议如下图所示。

辰骄公司股东会决议

会议时间:XXXX年XX月XX日

会议地点：辰骄公司会议室

会议性质：临时股东会议

出席会议人员：祝明祥、祝建康、蒋友山

根据《中华人民共和国公司法》及本公司章程，本次股东会由祝明祥召集并主持会议，经与会股东表决，通过以下决议：

1. 确认蒋爱明以祝建康名义与祝明祥签订的《股权转让协议书》无效；

2. 恢复祝建康在辰骄公司所占的75万元股权出资份额，对应所占股权比例为15%；

3. 祝明祥减持75万元出资，持有的股权比例为53%，蒋友山仍持有 32%的股权比例。

股东（签字或盖章）：祝明祥
股东（签字或盖章）：蒋友山
股东（签字或盖章）：祝建康
XXXX 年 XX 月 XX 日

随后辰骄公司办理了工商变更登记。

此时祝明祥虽然很生气，但仍相信自己能控制祝建康。即便辰骄公司又将祝建康登记为股东，但公司的实际控制权仍在祝明祥手中，祝建康也不可能多拿走一分钱。

祝建康虽然打赢了官司，但是祝明祥还是不给他钱。不但不给股份，连之前祝建康借给公司的钱也不还。2010 年 5 月 19 日，祝建康一怒之下雇人驾驶挖掘机进入辰骄公司经营地，对出入口的水泥道路进行挖掘，阻断交通。这个办法虽然解气但是违法啊！祝明祥没惯着祝建康，直接去法院起诉，最终法院判决祝建康赔偿公司 4 万余元。

双方矛盾激化到这个程度，也就谈不上兄弟了。2011 年 1 月 11 日，祝建康作为辰骄公司的前财务负责人，向市公安局报案，称祝明祥侵占辰骄公司资产。公安机关经过调查，认为祝明祥的行为不构成刑事犯罪。最终向检察机关出具了一份呈请不予立案报告书。

祝建康的报案虽然没有把祝明祥送进监狱，但也给了他一个教训。这下祝明祥算是对祝建康恨之入骨了，无论如何也不能让祝建康从辰骄公司拿到一分钱。眼看着就到了公司的经营期限，若公司清算之前不把祝建康开除，岂不是真的要给他分钱。

于是在咨询律师并仔细谋划之后，辰骄公司在公证处全程公证的情况下，通过特快专递向祝建康寄送一份通知，催缴祝健康出资。

催告补缴出资函如下图所示。

催告补缴出资函

祝建康：辰骄公司自1999年6月23日成立至今，你作为辰骄公司股东并未实际出资，特通知你在 2012年3月8日前一次性全额补缴出资款。

辰骄公司

2012年2月7日

2012年3月28日，又是在全程公证下，辰骄公司通过特快专递向祝建康寄送股东会通知，通知召开临时股东会。

关于召开临时股东会的通知如下图所示。

关于召开临时股东会的通知

辰骄公司定于2012年4月13日14时在本市宝山区富裕路XXX号内的办公楼一楼会议室召开全体股东会议，审议事项为就解除祝建康在辰骄公司的股东资格进行决议，请祝建康务必准时出席。

辰骄公司

会议召集人：蒋友山

2012年3月28日

收到股东会召开通知后，同样也是在咨询律师并仔细谋划后，祝建康也向辰骄公司寄送一份特快专递，内装回复函一份，告知关于召开临时股东会的通知违法、无效。

关于召开临时股东会的回复函如下图所示。

关于召开临时股东会的回复函

辰骄公司：

本人于2012年3月29日收到以辰骄公司名义发来的股东会通知，根据我国《中华人民共和国公司法》和辰骄公司章程的相关规定，该通知属于违法无效文件，本人不予承认，决定不参加此次违法会议。

祝建康

XXXX年XX月XX日

祝明祥才不管祝建康的态度，2012年4月13日14时，辰骄公司依然召开股东会会议，参加会议的有祝明祥及蒋友山，祝明祥主持会议，蒋明良担任会议记录人。会议形成一份股东会决议，毅然决然开除祝建康的股东资格。

辰骄公司股东会决议如下图所示。

辰骄公司股东会决议

会议时间:2012年4月13日

会议地点：辰骄公司会议室

会议性质：临时股东会议

出席会议人员：祝明祥、蒋友山

根据《中华人民共和国公司法》及本公司章程规定，公司于2012年3月28日向全体股东发出会议通知，应到会股东三人，实到会股东两人，到会股东代表共持有公司85%股权。本次股东会由祝明祥召集并主持会议，经与会股东表决，通过以下决议：

1. 解除祝建康的股东资格；

2. 由祝明祥将75万元于2012年4月16日前缴至辰骄公司账户以补足辰骄公司的注册资金。

股东（签字或盖章）: 祝明祥

股东（签字或盖章）: 蒋友山

辰骄公司（公章）

2012年4月13日

后应辰骄公司的要求，上海农村商业银行于2012年10月10日出具证明一份。其内容为：“兹证明辰骄公司在我行开立的验资账户于1999年6月10日借入现金人民币叁佰万圆整，借款人为祝明祥，用途为验资款。”手中有了自己已经完成出资的证据，祝明祥心中也就有了底气。

祝建康为了不被解除股东资格，于2012年6月向法院起诉。要求撤销股东会决议，理由是股东会会议召集程序违法且股东会决议内容违反公司章程。但是祝明祥之前的准备工作很充分，召开股东会全过程有公证处陪同，辰骄公司召集股东会程序上可以说毫无破绽，法院自然要判祝建康败诉。

撤销股东会决议官司虽然输了，祝建康没有死心。他的律师向他解释了撤销和确认无效的不同，在法律上这是两种不同的要求。于是他又提起诉讼，要求判令确认辰骄公司股东会决议无效。

庭审中，祝建康出具了银行证明、验资报告等证据以证明他当初完成了出资。

法院经审理后认为，股东会对公司的经营管理有决定权，是公司的最高权力部门。股东会的决议，对公司的经营发展有重要影响。就本案而言，祝建康曾要求法院撤销股东会决议，但法院判其败诉。现祝建康认为，他本人已完成出资义务，所以解除他的股东资格损害了他的合法利益。

但祝建康提供的银行证明只有复印件，不能证明出资款实际存入了辰骄公司。2012年2月7日，辰骄公司通知他补足出资，祝建康也未按要求补足出资。根据法律规定，辰骄公司有权以股东会决议解除其股东资格。

祝建康再次败诉。

祝建康不服，提起了上诉。上诉状中表述辰骄公司的经营期限已经届满，依法应由股东组织清算。在此期间，辰骄公司的股东会无权作出解除股东资格的决议。

二审法院在审理后认为，关于在公司清算阶段，公司股东会可否解除股东资格的问题。我国法律规定，公司章程规定的营业期限届满或者公司章程规定的其他解散事由出现时，公司应解散清算。又规定有“公司解散时，股东尚未缴纳的出资均应作为清算财产。股东尚未缴纳的出资，包括到期应缴未缴的出资，以及依照公司法的规定分期缴纳尚未届满缴纳期限的出资。”在公司清算阶段，基于对公司财产清算的需要，公司可以责令股东补足其出资和作出相关的决议。

二审法官不认可祝建康上诉的理由，祝建康再次败诉。

第三节 损人非为利己故

在确认股东会决议无效的官司审理期间，祝建康又将祝明祥告上法庭。他知道祝明祥当初也没有实缴出资，于是要求法院判令祝明祥补缴抽逃出资 300 万元。

作为辰骄公司的小股东，这样的诉讼请求即便胜诉了，祝建康也得不到多少利益。祝建康花着诉讼费、律师费打这样的官司，完全是出于对祝明祥的恨意。

庭审中，祝建康认为祝明祥抽逃出资，根据法律规定，股东有权请求抽逃出资的股东向公司返还出资。

祝明祥的代理律师声称祝明祥出资 300 万元后，辰骄公司将该 300 万元出借给祝明祥，祝明祥后来已经将 300 万元归还，所以不构成抽逃出资。

祝明祥提交了借款人均为祝明祥、收款人均为辰骄公司的六张进账单，证明祝明祥已归还公司 300 万元借款。

祝建康认为，祝明祥与辰骄公司之间不存在借款关系，如存在，应具备相应的借款手续，并应在财务账册上反映，且六张进账单均未注明用途，况且祝明祥是公司的实际控制人，辰骄公司的很多款项往来均以祝明祥名义进出，不能说明祝明祥已出资。

后法院追加辰骄公司为第三人，辰骄公司自然和祝明祥同一战线。

法庭认为，本案中祝明祥及辰骄公司都表示祝明祥转出的 300 万元是用于公司的经营，况且祝明祥已向辰骄公司付款 300 万元。因此，即使转出 300 万元不是借款关系，在公司认可祝明祥转出 300 万元用于公司经营的情况下，法院也不能认定祝明祥抽逃出资300万元。于是祝建康败诉了。

祝建康当即表示不服提起上诉。上诉状中祝建康表示原审法院在超过审理期限的情况下，追加辰骄公司为第三人属程序违法。且祝明祥是辰骄公司的控股股东和实际控制人，辰骄公司作为第三人参加诉讼的目的系与祝明祥恶意串通，捏造事实，帮助祝明祥逃避法律责任。

同时，祝建康提交了一份公安局经侦支队的询问笔录，祝明祥在该笔录中称辰骄公司成立时注册资金500万元，祝明祥拿出300万元交给罗南公司，并由罗南公司垫资200万元用于办理辰骄公司验资手续，验资结束后，所有验资款划回罗南公司，罗南公司再将300万元退给祝明祥。祝建康认为这份笔录足以证明祝明祥抽回出资300万元。

提交了该份证据，祝建康感觉胜券在握。

但二审法院显然没有按照祝建康的思路行事，二审法院认为本案中，辰骄公司设立时祝明祥出资的300万元，同一天即转走，不符合常理。虽然祝明祥和辰骄公司都认可两者之间达成借款关系，但不存在借款协议。同时，祝明祥将300万元返还给公司，辰骄公司无法提供原始记账凭证和公司财务账册，不能排除祝明祥存在抽逃出资300万元的可能性。

但法院同时注意到，祝建康已经被解除股东资格，无权以股东身份提出本案诉请。祝建康请求祝明祥向公司返还出资，缺乏法律依据。祝建康不具备辰骄公司股东身份，无权起诉。

这就是祝建康最悲催的地方，明明已经看到了胜利的曙光，但是因为股东会决议的案子二审判决败诉且生效了，他失去了股东身份，也就失去了这个案子起诉的资格。于是祝建康再一次败诉。这样的判决让祝建康极其难受，明明法院也认可祝明祥抽逃出资，自己却输了。如果自己早一点，先一步起诉，自己完全有可能是胜利者。想到这，祝建康懊悔不已，捶胸顿足。

笔者不禁感叹，亲人间如产生敌对，至难消除。祝建康若是做好万全的准备再行动，结果当大有不同。

[寄语]

股东会决议无效之诉和撤销之诉都属于公司决议瑕疵诉讼。决议无效是指决议内容违反法律、行政法规强制性规定的情形。决议撤销是指股东会的召集程序、表决方式违反法律、行政法规或者公司章程或者决议内容违反公司章程的情形。

如果公司股权转让方式、利润分配方案等内容未在公司成立之初约定明确，则是为后续的股东纷争埋下一颗种子。祝建康数次提起股东决议瑕疵诉讼，但都以败诉收场，如果他能在被解除股东资格前对祝明祥抽逃出资的事实提起诉讼，或许结局会大不一样。祝明祥作为辰骄公司的创始人，如果能在公司创立时对股权架构、股权转让方式、利润分配方案做出具体清晰的约定，辰骄公司或许也会获得更好的发展。

当今的中国社会正在发生巨变，从原来的熟人社会变为陌生人社会，熟人社会的规则靠感情和道德维系，而陌生人的社会靠规则和法律来维系，在转型期，很多生意人都因情而成单，因缺少规则意识而反目成仇，建议诸位读者转变处事方式，做人重情重义，做事重规则，讲法律，以免朋友变仇人。

[判决文号]

（1）上海市宝山区人民法院（2013）宝民二（商）初字第1672号民事判决。

（2）上海市第二中级人民法院（2014）沪二中民四（商）终字第302号民事判决。

（3）上海市宝山区人民法院（2013）宝民二（商）初字第2335号民事判决。

（4）上海市第二中级人民法院（2014）沪二中民四（商）终字第881号民事判决。

第十战

以虚代实　机关算尽

感谢廉卫涛律师所选的十个案例，看似十个案例，其实是人生中的十个陷阱，也是晦暗人性的呈现。造成陷阱的原因很多，归纳起来，大都是不明和贪欲所致，即由险恶的心灵品质决定的。厚德才能载物，心中有什么样的道，人生脚下就会有什么样的路。希望我们每个人能坚守住心中的道，更希望像廉老师这样的专业人士提供更多鲜活的案例。以案例影照自己，让我们戒慎、恐惧，走正道，少踩坑，使企业更加健康地成长，让人间增加更多的真情和友情。

天津老美华公司董事长
韩志勇

读者朋友们，公司出资的形式多种多样，但无论是货币出资或者非货币出资，只要是真实的出资，都受法律保护。

第一节 借钱借成股东

投资房产成本太大，股市又一言难尽，投资渠道匮乏一直困扰着国人。尤其是2013年，能给投资者丰厚回报的投资机会可是不多。昌运投资公司正是山东省内一家颇为知名的投资公司，据说能够给投资者带来高额回报。

早在2011年，昌运投资公司在淄博市设立了全资子公司昌运医药公司。昌运医药公司注册资本500万元，公司设立一年后，获得了食品药品监督管理局颁发的《医疗器械注册证》，此后昌运医药公司生意做得风生水起。昌运医药公司的成功，极大地增强了投资者对于昌运投资公司的信心，一时之间，昌运投资公司门庭若市。

史智宝、张玉、周恒、张锦四人都是山东人，这四人以史智宝为首，前些年做生意赚了些钱。这几年实体生意不好做，四人开始转型从事金融行业。

2013年年初，这四人听闻昌运投资公司实力雄厚，回报高，就合伙投了一千余万元。本以为可以赚点利息，没想到昌运投资公司连续几个项目亏损，别说利息，本金都难保。

到了2014年，昌运投资公司还欠史智宝等四人本息728万元。以昌运投资公司当时的情况，现金肯定是没有了，只有昌运医药公司的股份还有一定价值。

四人一合计，万般无奈之际，只能退而求其次，索要昌运医药公司的股权，多少还能值点钱。经过与昌运投资公司老板协商，最终达成一致。

2014年1月28日，昌运投资公司与史智宝签订了一份可置换债转股协议书，将昌运医药公司的股权转让给史智宝，用股份抵偿欠款。这样，史智宝等四人成为昌运医药公司的股东了。

签完协议，四人急着去工商部门办变更手续，经查询，却发现公司股权已经被法院查封冻结，他们害怕将要到手的股权又化为乌有，近千万的投资款可能就分文不剩啊！

此时的昌运投资公司可谓债台高筑！四人第一时间找到昌运投资公司协商，该如何处理此事。四人既生气又不敢发火。

前思后想，法院查封冻结的股权肯定到不了手，那么能不能再多出来一部分股权呢？把多出来的股权给史智宝等人就可以了。于是便想到了"增资扩股"，双方最终决定，让史智宝增资，从而获得公司股权。

思考再三，史智宝等四人就一个目的，只要钱，剩下的都不要。昌运投资公司便想先把股权质押给史智宝，等还钱之后，再把股权还回来。最终决定，由昌运医药公司将正在使用的非专利技术拿出来，给史智宝用来增资，所增发的股份由史智宝代持，待还款后，史智宝再将股权返还给昌运投资公司。

2014年4月25日，史智宝聘请资产评估公司出具评估报告，非专利技术"纳米银离子抗菌辅料"估值1 008万元，而昌运医药公司实际使用了该技术，不过是昌运投资公司提供给史智宝走程序罢了。

拿到评估报告后，昌运医药公司立即召开股东会并作出股东会决议，同意吸收史智宝为股东，注册资本由500万元变更为1 500万元。新增注册资金1 000万元由史智宝以非专利技术“纳米银离子抗菌辅料”出资，同时修改昌运医药公司章程。

昌运医药公司股东会决议如下图所示。

昌运医药公司股东会决议

会议时间：2014年4月25日

会议地点：昌运医药公司会议室

会议性质：临时股东会议

出席会议人员：1. 原公司股东为山东昌运投资控股有限公司

2. 新增股东为史智宝

根据《中华人民共和国公司法》及本公司章程，本次股东会由执行董事召集并主持会议，经与会股东协商，一致通过以下决议。

1. 同意史智宝以非专利技术“纳米银离子抗菌辅料”作价1 000万元出资成为公司新任股东。

2. 同意公司的注册资本由500万元增加至1 500万元。

股东（签字或盖章）：山东昌运投资控股有限公司

股东（签字或盖章）：史智宝

2014年4月25日

2014年4月29日，昌运投资公司与史智宝签订了一份委托持股协议，该协议写明因昌运投资公司欠史智宝728万元，双方以史智宝名义对昌运医药公司增资1 000万元，史智宝为名义股东，昌运投资公司为实际股东，昌运投资公司欠史智宝的借款偿还后，史智宝将股权还给昌运投资公司。

委托持股协议如下图所示。

委托持股协议

委托人（甲方）：山东昌运投资控股有限公司

受托人（乙方）：史智宝

甲、乙双方本着平等互利的原则，经平等协商，就甲方委托乙方代为持股相关事宜达成协议如下，以兹共同遵照执行：

一、代持股基本情况

1. 甲方拟以乙方名义对山东昌运医药医疗器械有限公司进行增资，约定以非专利技术“纳米银离子抗菌辅料”作价增资 1 000 万元，增资后在昌运医药公司的持股比例为 66.66%。

2. 乙方在此声明并确认，由于甲方欠付乙方投资款项 728 万元，因此以股权代持方式担保乙方债权，代持股份的投资款系完全由甲方提供。代持股份的实际所有人为甲方，乙方系根据本协议代甲方持有代持股份。

3. 乙方在此进一步声明并确认，甲方欠乙方的投资款偿还后 10 日内，乙方将股权无偿转让给甲方。

……

……

……

甲方（签字或盖章）：	乙方（签字或盖章）：
山东昌运投资控股有限公司	史智宝
2014 年 4 月 29 日	2014 年 4 月 29 日

委托持股协议明确了增资的实际内容，名为增资实为抵押。史智宝与昌运医药公司又签署了一份非专利技术移交表，明确了史智宝拥有非专利技术，技术名称为“纳米银离子抗菌辅料”，已将相关技术资料交给昌运医药公司。

2014 年 5 月 4 日，昌运医药公司变更工商登记信息，将史智宝登记为公司股东。

股权结构如下图所示。

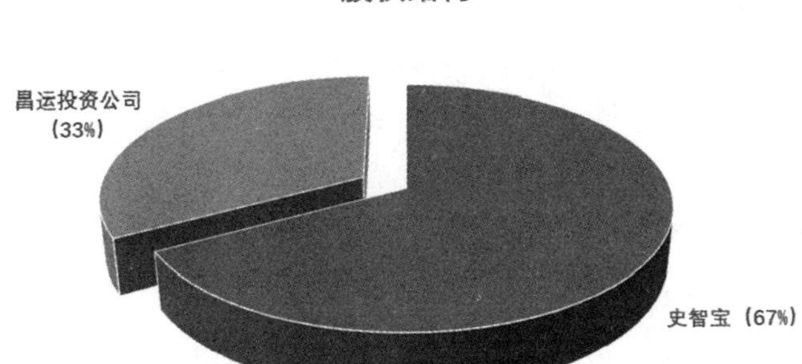

第二节　失败的资本运作

丰子阳也是淄博人，比史智宝年轻。虽然两人兴趣相同，但是丰子阳自认为熟知资本运作规律，史智宝只知道吃利息，那是投资界最低级的玩法。对于昌运医药公司，他认为这是一块不可多得的肥肉，以昌运投资公司目前的状况，完全可以把昌运医药公司并购，然后运作上市。

丰子阳认为机会难得，昌运投资公司债台高筑，生死一线，是“趁火打劫”的好时机！丰子阳主动找到昌运投资公司，自称“白衣天使”，愿意解公司“倒悬”之急。昌运投资公司将昌运医药公司卖掉，既能得到资金，维持公司运转，又能甩开包袱。

2015 年 11 月 10 日，昌运投资公司与丰子阳一拍即合，签订了股权转让合同，昌运投资公司将昌运医药公司卖给丰子阳，丰子阳出 500 万元，昌运医药公司的股东变更为丰子阳和史智宝。

股权转让合同如下图所示。

股权转让合同

出让方：山东昌运投资控股有限公司（以下简称甲方）

受让方：丰子阳（以下简称乙方）

甲、乙双方依照相关法律、法规的规定，经友好协商，就甲方将其所持山东昌运医药医疗器械有限公司（下称目标公司）的全部股权转让给乙方之相关事宜，达成一致，特签订本合同，以使各方遵照执行。

第一条 股权转让

甲方同意将其在目标公司所持的33.33%的股权转让给乙方，乙方同意受让。

第二条 股权转让价格及支付方式、支付期限

1. 甲同意以5 000 000元人民币（大写：人民币伍佰万元）的价格转让其在目标公司

持有的33.33 %的股权，乙方同意以此价格受让该股权。

……

第三条　双方陈述及承诺

1. 甲方承诺在乙方按照本协议约定支付股权转让对价后立即依法办理公司股东、股权、章程修改等相关变更登记手续，甲方应给予积极协助或配合。

……

……

……

第七条 生效及其他

本协议自双方签字之日起生效。

本协议正本一式四份，立约人各执一份，公司存档一份，报工商部门备案登记一份。

甲方（签字或盖章）：山东昌运投资控股有限公司

2015 年 11 月 10 日

乙方（签字或盖章）：丰子阳

2015 年 11 月 10 日

昌运医药公司作出了股东会决议，昌运投资公司将昌运医药公司的 500 万元股权卖给丰子阳，作价 500 万元。史智宝作为公司股东，表明自己的立场，自己本就是债权人，只要还钱，一切好说，对于昌运投资公司与丰子阳之间的交易不干涉。

股权转让后，昌运医药公司股权结构为丰子阳以货币出资 500 万元，史智宝以非专利技术出资 1 000 万元。

2015 年 11 月 18 日，昌运医药公司完成了变更工商登记信息。

股权结构如下图所示。

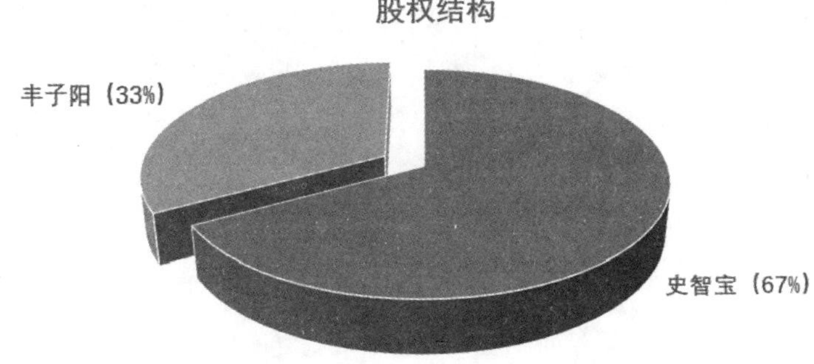

丰子阳成为公司股东后，说干就干，按照自己的设想，积极筹备公司上市事宜。

2015 年末，丰子阳联系了凯莱证券公司，证券公司对昌运医药公司非常感兴趣，意欲通过旗下的收购平台耐齐耳公司整体收购昌运医药公司。

在丰子阳的主持下，凯莱证券公司完成了对昌运医药公司的尽职调查。凯莱证券公司董事长召开了董事会，形成会议纪要，拟整体收购昌运医药公司，同意先行支付丰子阳 300 万元，并要求丰子阳将名下的昌运医药公司股份办理质押登记，同时给丰子阳转款 200 万元。

对于这样的结果，丰子阳欣然接受，眼看自己的设想即将实现。2015 年 12 月 31 日，丰子阳与耐齐耳公司签订了股权质押合同，丰子阳以昌运医药公司股权进行质押。

股权质押合同如下图所示。

股权质押合同

出质人（甲方）：丰子阳

质权人（乙方）：耐齐耳公司

鉴于甲方依法拥有在山东昌运医药医疗器械有限公司（以下简称：标的公司）中的 33.33% 股权，为保证还款，甲方拟将上述股权质押予乙方，乙方同意甲方上述质押。因此，双方兹达成如下股权质押协议：

第一条 质押股权

1. 甲方持有标的公司 500 万元股份，占标的公司总股本的 33.3%，甲方拟将上述股权质押予乙方，作为其对乙方 200 万元欠款的还款保证。

2. 标的公司依法经批准在工商部门登记，公司注册资本 1 500 万元。

……

……

……

第十五条　本合同经双方签字和盖章之日起生效

甲方（签字或盖章）：丰子阳　　　乙方（签字或盖章）：耐齐耳公司

2015 年 12 月 31 日　　　2015 年 12 月 31 日

股权质押合同签订当天，耐齐耳公司就向丰子阳转账 30 万元，后续又转账 170 万元。

根据原本设想，史智宝自然应该钱货两讫。收了钱按说应该办理股权质押登记。他没想到，事与愿违，遇到了意外情况。

依据工商部门的规定，股权质押，需要得到公司全体股东同意，否则工商部门不予办理。丰子阳的股权出质，必须征得其他股东的同意，否则无法实现。

原来史智宝早已知道了凯莱证券意欲收购昌运医药公司，自己手中持有昌运医药公司的股份，那可是 1 000 万股啊！证券公司收购，肯定溢价不少，这次看似失败的投资，竟然是发财的良机。史智宝和丰子阳协商，能否把史智宝手中的股份一起收购。从其与丰子阳的沟通来看，凯莱证券公司收购是一定的，但是不准备溢价收购史智宝手中的股份。

于是，对于股权质押，史智宝心想：直接不同意股权质押，自己的股权也无法变现；如果同意，又恐失去发财的机会。矛盾的心理让史智宝不敢轻举妄动，史智宝遂以静制动，对于史智宝的沉默，丰子阳考虑的是效率优先。胆大妄为的丰子阳直接伪造了史智宝的签名，找昌运投资公司加盖了昌运医药公司的公章。

2016 年 1 月 6 日，丰子阳和耐齐耳公司向工商局提交了股权质押的所有申请材料，将丰子阳的股份质押给耐齐耳公司。

工商局经过审核，认为丰子阳提交的申请材料齐全，符合法律规定，于是办理了股权质押登记。

史智宝发觉未经过自己同意，丰子阳就办理了股权质押登记，认定是丰子阳伪造了自己的签名，这让他很愤怒。

史智宝一怒之下打起了行政官司，到法院状告工商局，理由是股权质押登记程序违法，签字不是他本人签字，要求撤销股权质押登记。

法院认为，工商局对于股权出质登记的申请材料只是形式审查，不对申请材料中签名捺印的真实性负责。也就是说丰子阳只要提交了齐全的相关材料工商局就可以给办理登记，至于材料的真假，不要求工商局核实。工商局作出的股权出质登记没有问题，所以法院驳回了史智宝的诉讼请求。

史智宝不服，提起了上诉，法院依然判史智宝败诉。

史智宝未能阻止丰子阳的股权质押，但是丰子阳运作的收购方案却必须史智宝点头才行，史智宝才是公司大股东啊！

丰子阳、凯莱证券公司、史智宝玩起了三方博弈，史智宝的“好胃口”让凯莱证券公司、丰子阳很为难。这时凯莱证券公司的律师提了一个意见，既然当初史智宝的技术出资就是虚假的，不如就“以诉促谈”吧。通过起诉史智宝，用解除他的股东资格来威胁，他一害怕也许就妥协了，对于这个提议，丰子阳觉得可行。

于是在2016年下半年，丰子阳到法院起诉了史智宝，要求解除史智宝的股东资格，理由是史智宝的非专利技术出资虚假。史智宝得知自己被起诉后，连忙找到律师朋友指点对策。他的律师朋友埋怨他该早点来找他咨询，事态发展的初期就该找律师，那样会掌握主动权。

庭审中，丰子阳的代理律师声慷慨陈词，直指史智宝对昌运医药公司的非专利技术增资并没有实际到位，史智宝不知道出资技术的具体内容，也不是该技术的合法权利人。意思很直白，就是说史智宝的出资是虚假的，所以史智宝的股东资格应该被解除。

史智宝的代理律师则反驳，表示根据公司法的规定，非货币出资，评估后可作价出资。本案中史智宝的知识产权评估作价1 000万元，符合公司法的规定。

史智宝已经办理了转移手续，该非专利技术已经移交给了昌运医药公司。白纸黑字有交接手续，怎么能算虚假出资呢，再说出资技术的价值只要双方认可就是有价值的，又不是政府定价，哪来的虚假。于是双方的律师你来我往，唇枪舌剑。

法院认为，2014年4月29日，昌运投资公司与史智宝签订委托持股协议，同一天，史智宝与昌运医药公司签署非专利技术移交表，表明史智宝将非专利技术“纳米银离子抗菌辅料设计技术”资料交给了昌运医药公司。

最终法院驳回了丰子阳的诉讼请求。此判决的依据也很简单，就是以工商局的登记为准。

丰子阳表示不服，提起了上诉，要求改判解除史智宝的股东资格。

在二审期间，昌运投资公司向法院提交书面说明一份。

情况说明如下图所示。

情况说明

1．因我公司欠史智宝借款728万元，为保证史智宝债权的安全，2014年我公司与史智宝决定向昌运医药公司增资1 000万元，由史智宝作为工商登记的名义股东，代我公司持有昌运医药公司1 000万股权。

2．为实现昌运医药公司增资1 000万元的目的，我公司、史智宝及昌运医药公司决定以“纳米银离子抗菌辅料设计技术”进行出资，为了工商变更之需，委托资产评估机构对该技术进行了评估，我公司、史智宝、昌运医药公司签订了《非专利技术移交表》。史智宝用于出资的“纳米银离子抗菌辅料设计技术”是虚构的。

昌运投资公司

昌运医药公司向法院提交书面情况说明一份。

情况说明如下图所示。

情况说明

我公司于2014年4月29日收到股东史智宝作价出资1 000万元“纳米银离子抗菌辅料设计技术”资料后，我公司已对该技术进行使用，现正在与相关单位进行进一步的改进和研究。

昌运医药公司

丰子阳信心十足，昌运投资公司出具的证据足以说明真相，可以推翻一审判决。但是最终二审法院在审理后仍然维持了一审判决，驳回了丰子阳的上诉诉请。

二审法院认为，依据《中华人民共和国公司法》，股东可以用知识产权等非货币财产作价出资，只要依法办理财产权的转移手续。本案中，史智宝用于出资的“纳米银离子抗菌辅料设计技术”，经股东会决议、评估作价并办理了非专利技术移交，履行了工商登记变更等相应手续，所以史智宝取得了昌运医药公司的股东资格。

法院也考察了昌运医药公司章程、公司股东会决议及公司章程修正案，均不涉及解除股东资格，也没有对股东权利进行限制的股东会决议。因此，丰子阳请求解除史智宝股东资格的要求，不能得到支持。

就这样，丰子阳的“以诉促谈”之计失败了。史智宝与他的律师回去开庆功宴自不必提，凯莱证券公司、丰子阳这边考虑到收购昌运医药公司前期已经投入了巨大成本，只能继续与史智宝沟通，或者说纠缠。

第三节 余波不断

史智宝也不是好惹的，就这样被丰子阳起诉了，他是要报复。史智宝接手昌运医药公司后，发现当初昌运投资公司出资的 500 万元名义上是实缴，实际上也是找了过桥资金，已然抽逃了。于是 2017 年 5 月，史智宝提议召开股东会，要求丰子阳补缴出资 250 万元，丰子阳当场拒绝。

同年 7 月份，史智宝又提议召开股东会，在股东会上因丰子阳拒绝补缴出资，股东会决议解除丰子阳的股东资格。

昌运医药公司股东会决议如下图所示。

昌运医药公司股东会决议

会议时间：2017 年 7 月 1 日

会议地点：昌运医药公司会议室

会议性质：临时股东会议

出席会议人员：史智宝、丰子阳

根据《中华人民共和国公司法》及本公司章程，本次股东会由股东史智宝召集并主持会议，经与会股东协商，一致通过以下决议：

1. 同意解除丰子阳股东资格；

2. 同意公司注册资本由 1 500 万元减少至 1 000 万元。

股东（签字或盖章）：史智宝

2017 年 7 月 1 日

2019 年，因为收购事宜迟迟没有进展，加之凯莱证券公司的资金出现问题。7 月 5 日，耐齐耳公司以民间借贷的名义起诉了丰子阳，要求丰子阳还款 200 万元。丰子阳咨询了律师，当即表示耐齐耳公司起诉与事实不符，这 200 万不是借款，而是股权收购款。

幸亏丰子阳为人精明，特意保留着很多与凯莱证券公司、耐齐耳公司领导的微信记录和通话录音。庭审中双方经过举证质证，最终法院认为耐齐耳公司与丰子阳之间存在股权收购事实，办理股权质押的目的不是为了借款，而是为了股权收购需要，耐齐耳公司与丰子阳之间并没有借款的意思。因股权收购发生纠纷，应在另一个案子里解决。

就靠着这些通话录音和微信记录，以及他的代理律师的精彩驳斥，丰子阳才得以脱身，耐齐耳公司败诉。

笔者不禁感叹，丰子阳可谓机关算尽，最后也仅以身免。史智宝到头来也没能将股份变现，不知他要如何与他的三个伙伴投资人解释。几个股东一番争执，最后好好的一家企业被折腾得七零八落，工人的工资都发不出，上了失信名单。以和为贵，说起来容易，做起来难。若是几名股东在签订协议的初期就让律师介入，当初所设计的股权结构必然不会这样轻易地陷入僵局，后期也不会惹出这样多的麻烦。

[寄语]

史智宝等人对收回投资成本原本已近乎绝望。但当“机会”出现时，贪欲让原本的绝望化作野心，结果“竹篮打水一场空”。

商战中，法律武器的威力虽大，但人的贪欲更加可怕。

法律诞生之初，就是为了遏制人性中的“恶”。如果想利用法律来满足自己的贪欲，何异于“负薪救火”。

和则生财，窝里斗最可耻。许多的窝里斗，都是为尚未实现的利益而斗，好比画一张饼，合伙协商如果得到这张饼，都会为该如何分配的问题打得不可开交，以至于“饼”没有得到，合伙人以“仇人”的形式散伙，岂不可笑。

[判决文号]

（1）山东省淄博市中级人民法院（2021）鲁 03 民终 3015 号民事判决。

（2）山东省淄博市中级人民法院（2020）鲁 03 民终 3957 号民事判决。

（3）山东省淄博市中级人民法院（2020）鲁 03 民终 2415 号民事判决。

（4）山东省淄博市中级人民法院（2020）鲁 03 民终 1081 号民事判决。

（5）山东省淄博市中级人民法院（2017）鲁 03 民终 531 号民事判决。

（6）山东省淄博市中级人民法院（2017）鲁 03 行终 48 号民事判决。

（7）淄博高新技术产业开发区人民法院（2021）鲁 0391 民初 391 号民事判决。

（8）山东省淄博高新技术产业开发区人民法院（2020）鲁 0391 民初 347 号民事判决。

（9）山东省淄博市张店区人民法院（2019）鲁 0303 民初 4726 号民事判决。

附录 解除股东资格制度攻防表

程序	公司	将被解除资格股东
一、未履行出资义务或抽逃全部出资的股东（解除股东资格只适用于未履行出资义务或者抽逃全部出资的股东）	对于未完全履行出资和抽逃部分出资的股东，可以限制股东权利。或者，公司股东会可在保留其股东资格的前提下，解除与其抽逃出资额相应的股权 （公司股东可将“在股东抽逃部分出资或未全面出资，经公司催缴在合理期限内（如30日内）未补缴的，公司股东会可以决议将该股东欠缴出资对应的股权解除，由公司办理法定减资程序或者由其他股东或者第三人缴纳相应的出资”之类的条款写入公司章程）	行使股东除名权的股东是否同样未履行出资义务或完全抽逃出资
	股东以房屋、土地使用权或者需要办理权属登记的知识产权等财产出资，已经交付公司使用但未办理权属变更手续的，属未履行出资义务	对于不需要登记的知识产权，比如专有技术、公司已实际使用、技术资料移交或权属约定确定可视为已完成出资

续表

程序	公司	将被解除资格股东
	经股权转让获得股权的股东，未支付股权转让金，属未履行出资义务	
	如果股东主张其并非抽逃出资而是借款，公司没有借款协议及财务记录，出资当月即借款，借款数额与出资款数额相同，至今未归还过任何借款 （抽逃出资的举证责任在公司）	举证已经履行出资义务，主张没有抽逃出资，举证款项用于公司经营或股东向公司的借款（已履行出资义务举证责任在股东）
	未出资的股东不可要求公司解除其股东资格，进而拒绝承担继续出资的法律责任（逃避债务）	
二、催告程序 （程序上要求公司先对股东进行催告，并在催告通知中规定合理履行期限，限期缴纳或返还出资。催告后，股东在合理期间内仍未缴纳或者返还出资，才可以进行下一步程序解除股东资格）	催告程序应以确认股东可以收悉的书面方式，也可以诉讼的方式履行催告义务	主张公司未对其进行催告，或约定履行期限不甚合理。（公司负催告义务已履行的举证责任） 如当事人希望保留股东资格更有利于当事人权益，可在催告履行期限内缴纳部分出资
	催告通知应给予股东合理的履行期限	

续表

程序	公司	将被解除资格股东
三、公司需以股东会决议的方式解除股东资格 （公司不可直接作出开除股东的决定，要以股东会决议的形式行使解除股东资格的权利。）	股东会通知、召集程序合法，章程另有规定或全体股东另有约定除外	
	章程另有规定或全体股东另有约定除外，排除被解除资格股东表决权（即便是控股股东）后需表决权二分之一以上通过 （公司可就“解除股东资格进行表决时，拟被解除股东资格的股东不得行使表决权”明确写入章程） 利用此回避制度，设计对公司有利的股东会议题或调整议题表决的顺序	
四、公司应当及时减资或者由其他股东或者第三人缴纳相应的出资	公司解除股东资格后，应及时办理法定减资程序，或者由其他股东、第三人补足缴纳出资，填补资本空洞，确保公司资本维持不变	
五、其他方式		视公司经营管理情况提起解散公司之诉